Werner Schultze

Designer-Schmuck
aus Papier

OZ creativ

Vorwort

Schmuck aus Papier? Aber klar doch – bei so vielen ungeahnten, vielfältigen Möglichkeiten! Für Papierschmuck werden nicht einfach gekaufte Perlen aneinander gereiht. In jedem Stück steckt Ihre Kreativität und Handarbeit.

Perlen und Schmuckstücke aus Papier sind garantiert echte Hingucker. Einmal angefangen, bieten sich unendlich viele Möglichkeiten, etwas ganz Eigenes zu schaffen. Lassen Sie sich von den Modellen anregen, Ihren individuellen Schmuck zu fertigen. Probieren Sie aus, mischen Sie unterschiedliche Perlenarten und Farben, wie es Ihrem Stil entspricht. Wählen Sie Papiere und Kombinationen, die zu Ihnen passen.

Das Material ist preiswert, Sie benötigen wenig Werkzeug und alle wichtigen Techniken sind im Grundkurs erklärt. Genaue Anleitungen finden Sie bei den gezeigten Modellen. So fällt Ihnen das Nacharbeiten dieser außergewöhnlichen Schmuckstücke leicht.

Viel Freude beim Nacharbeiten wünscht Ihnen

Ihr
Werner Schultze

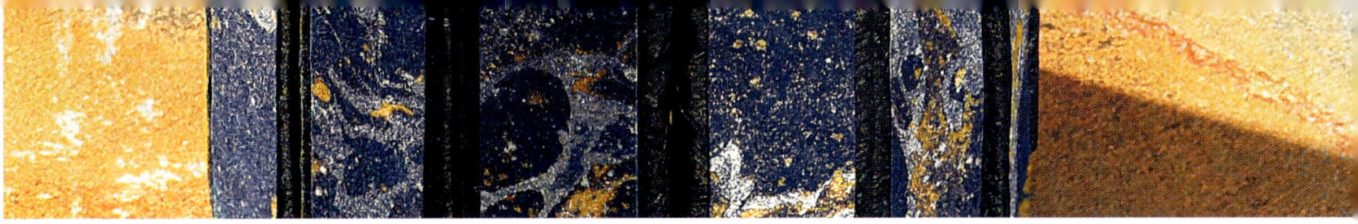

Inhaltsverzeichnis

Material, Tipps & Tricks

Papiere

Vorbei die Zeiten, als Sie im Bastelfachhandel nur Tonpapiere und -kartons erwerben konnten. Es tut sich was auf dem Markt! Sie haben die Wahl zwischen einer Vielzahl unterschiedlichster Papiere.

Interessante Strukturen und Oberflächen, zart pastellige, knallige oder gedeckte Farben, Papiere mit weicher, „stoffiger" Textur bis zu metallisch glänzenden mit kühler Glätte finden sich im Angebot. Geprägte Papiere mit feinen Linien, Gewebestrukturen sowie pflanzlichen und orientalischen Mustern, Prägungen, die tierische Haut imitieren, wie Schlangenhaut, Elefantenhaut, Kroko und Leder: Die Auswahl ist beeindruckend.

Eine breite Palette Naturpapiere aus schnell nachwachsenden Rohstoffen, z. B. Maulbeerbaum und mit pflanzlichen Einschlüssen wie Bananen-, Mango-, Bambusblättern, Kokosfasern, Blüten, auch Reis und Sesamkörnern bieten sich geradezu zum Basteln an. Es gibt Naturpapiere mit eingeschlossenen Metallfäden und mit metallisch glänzenden, aufgesetzten Mustern (Taueffekte) sowie bedruckte Papiere mit Sternchenmotiven bis zu klaren grafischen Mustern. Sie finden eine riesige Auswahl an Transparentpapieren in vielen verschiedenen Motiven und Farben. Dazu kommt noch eine Fülle verschiedenster bedruckter Geschenkpapiere.

Sie können die Papiere sowohl als einzelne Bögen als auch als Sets in unterschiedlichen Farbzusammenstellungen und Qualitäten erwerben. Dies ist von großem Vorteil, da Sie für Papierschmuck meist nur kleinere Mengen benötigen. Nehmen Sie die Papiere in die Hand und entscheiden Sie, ob sie für das flächige Bekleben, Aufrollen, Falten etc. zum Einsatz kommen.

Die zarten Naturpapiere (Bambus-, Bananenpapier usw.) lassen sich auch wunderbar mit Wasserfarben in entsprechenden Tönen kolorieren.

So schaffen Sie eigene Farbnuancen, die es im Handel nicht gibt (die Wellen verschwinden beim Aufkleben). Kombinieren Sie die edlen handgeschöpften Naturpapiere auch mit ganz alltäglichem Papiermaterial wie Ausschnitten aus Zeitschriften und Prospekten sowie mit Geschenk- und Packpapieren.

Klebstoffe

Vieles, was als Trägermaterial zum Bekleben geeignet ist (Pappröhren/Versandröhren, Papprücken von Zeichenblocks, Verpackungskartons, Graupappe usw.), findet sich auch im Haushalt. Zum Bekleben solcher Teile verwenden Sie normalen Tapetenkleister. Die zarten Papiere (Faserpapier, Bananenpapier usw.) verlieren beim Bestreichen sofort ihre Spannung und lassen sich praktisch um jede Ecke ziehen. Es ist ein Tapezieren im Kleinformat. Selbst wenn der Kleister beidseitig aufgetragen wird, ist er nach dem Trocknen nicht sichtbar. Für die meisten Klebungen eignet sich besonders ein lösungsmittelfreier Bastelkleber, der keine Fäden zieht und relativ lange offen bleiben kann. Bei schwereren oder steiferen Papieren bietet sich ein kraftvollerer Kleber an. Testen Sie das Klebeergebnis, bevor Sie richtig loslegen.

Kettenverschluss anbringen

Auf jedes Zwirn- oder Drahtende eine Quetschperle aufziehen, das Ende zur Schlaufe legen und in diese ein Verschlussteil legen. Nun das Zwirn- bzw. Drahtende zurück durch die Quetschperle führen und die Perle zudrücken. Den überstehenden Zwirn bzw. Draht abschneiden. Auf einer Seite der Kette wird ein Federring mit 9 mm Durchmesser oder ein Karabiner angebracht, auf der anderen Seite ein Spaltring mit 7 mm Durchmesser befestigt.

Grundkurs Papierschmuck

Zuschnitt

Für das Zuschneiden genügt meist ein Cutter mit Schneideunterlage und Stahllineal. Eine Papierschneidemaschine (Hebelschneidemaschine) erleichtert das Zuschneiden von Papierstreifen erheblich. Eine Schere sollte immer zur Hand sein. Für sehr lange Zuschnitte ist eine Metallschiene vorteilhaft.

Grundmaterialien

Für Papierperlen werden außer den angegebenen Papieren folgende Materialien benötigt:
• Lineal • Bleistift • Schere • Cutter • Hebelschneidemaschine • Bastelkleber • Kleister • Schulpinsel • Kraftkleber • Schmuckkleber • Kreppklebeband (Malerkrepp), 2 cm breit • Klebefilm • feines Schleifpapier • Zahnstocher • Prickelnadel / Vorstecher • kleine Zange

Papierstreifen lassen sich mit einem Cutter leichter schneiden als mit einer Schere. Die Prickelnadel dient zum Vorstechen von Löchern. Zum Anbringen von Schmuckzubehör ist eine kleine Zange erforderlich.

Ausstanzen

Zum Ausstanzen von Papier- und Pappkreisen werden Locheisen benutzt. Hauptsächlich kommen Locheisen mit 10 mm und 20 mm Durchmesser zum Einsatz. Bei einem in diesem Buch gearbeiteten Modell wurde ein 35er Locheisen verwendet. Das Locheisen senkrecht auf den Karton aufsetzen. Von oben mit dem Hammer auf das Locheisen schlagen und so den Kreis ausstanzen. Das Ausstanzen sollte auf einem stabilen Untergrund erfolgen. Als Unterlage eignen sich Hartfaserplatten, MDF-Platten oder feste Pappe. Alternativ kann man Kreise in der gewünschten Größe mit einem Zirkel auf das Papier / den Karton aufzeichnen und ausschneiden.

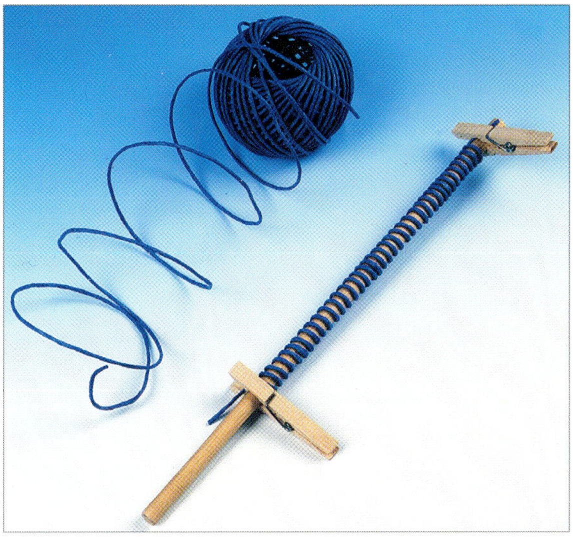

Papierschnur

Bei der Papierschnur handelt es sich um ein reines Naturprodukt. Sie besteht aus Natronkraftpapier bzw. Mischpapier und ist in verschiedenen Stärken erhältlich. Um die Schnur zu verarbeiten, wird sie kurz ins Wasser getaucht und dann z. B. um einen Rundholzstab gewickelt. Die Wicklung sollte fest und in gleichmäßigen Abständen erfolgen. Anfang und Ende der Papierschnur werden mit Wäscheklammern oder Klebebandstreifen fixiert. Nach dem Trocknen die Schnur vom Rundholzstab lösen und wie bei den jeweiligen Modellen beschrieben weiter verarbeiten. Auch Pappröhrchenabschnitte können auf diese Weise umwickelt oder Spiralarmbänder geformt werden.

Ringe herstellen

Für die Herstellung eines Rings wird ein runder Gegenstand benötigt, der dem Fingermaß entspricht. Das kann ein Rundholz, ein Metallröhrchen oder auch ein Pappröhrchen sein. Ist der Durchmesser zu gering, wird z. B. das Rundholz solange mit Kreppklebeband (Malerkrepp) umwickelt, bis das erforderliche Maß erreicht ist. Eine Kreisschablone zur Kontrolle ist hierbei sehr hilfreich. Einen Streifen des gewünschten Papieres um das Rundholz wickeln und mit Kleber fixieren. Dabei darauf achten, dass der Streifen nicht am Rundholz festklebt. Nun weitere Papierstreifen in den ausgesuchten Farben nach Geschmack aufwickeln und festkleben.

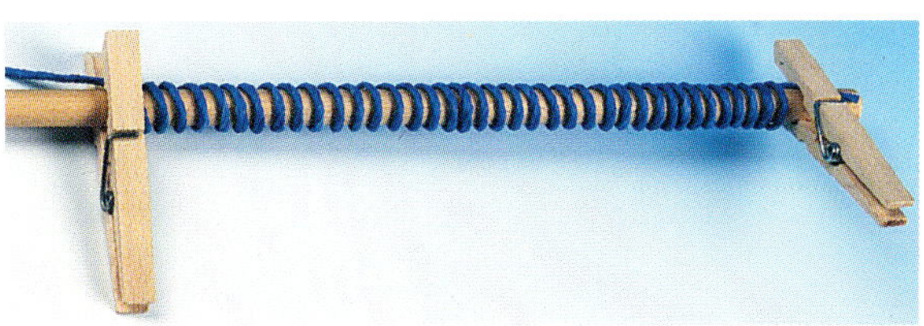

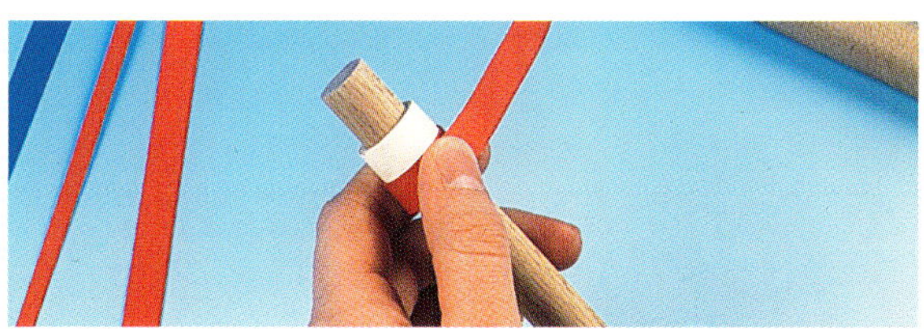

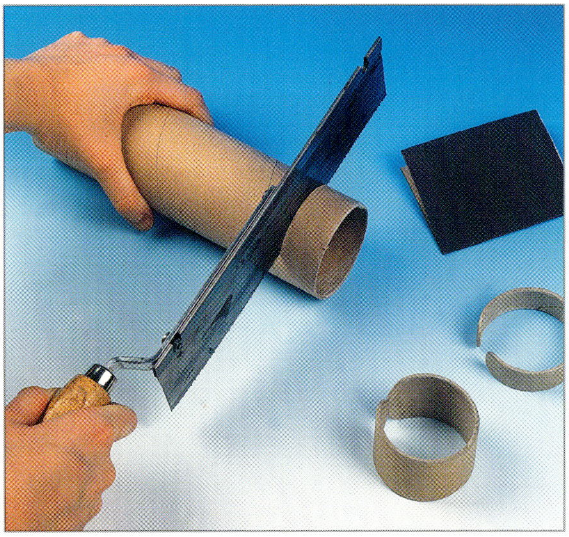

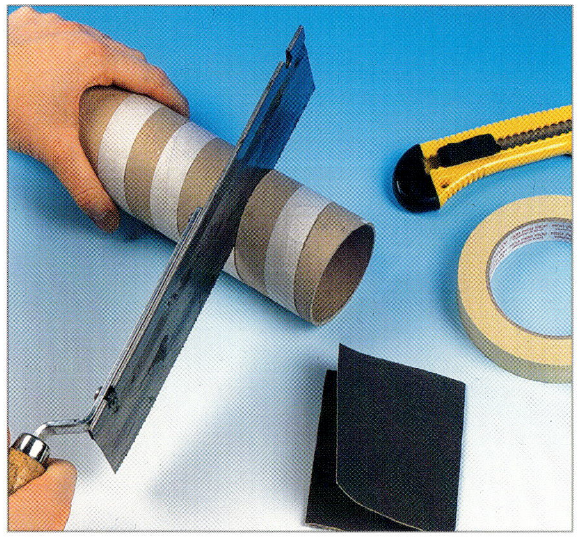

Armreifen aus Pappröhren

Die Größe der Pappröhren so wählen, wie es dem individuellen Handgelenkumfang entspricht. Den Reif dafür im aufgesägten Zustand testen. Für die Armreifen der im Buch gearbeiteten Modelle wurden Pappröhren mit 6 cm Innendurchmesser verwendet. Die Röhren mit einer Gehrungs- oder Leistensäge (mit Gehrungslade) zusägen. Auch der Zuschnitt mit einer Bandsäge funktioniert sehr gut. Je feiner die Zahnung der Säge, umso sauberer wird der Schnitt. Entstehende Papierfusseln werden mit feinem Schleifpapier entfernt.

Spezielle Formen aus Pappröhren

Für die Herstellung eines Spiralarmreifs aus einer Pappröhre (Innendurchmesser 6 cm) wird ein 2 cm breites Kreppklebeband (Malerkrepp) in gleichmäßigem Abstand spiralförmig um die Röhre geklebt. Mit der Leistensäge entlang der Klebebandkante sägen. Zum vollständigen Durchtrennen kann ein Cutter verwendet werden. Die Spirale in gewünschter Länge zuschneiden und die Enden mit der Schere abrunden. Zum Schluss die Sägekanten mit feinem Schleifpapier glätten.
Weitere interessante Formen lassen sich erzielen, wenn aus der Pappröhre Stücke herausgesägt werden, indem die Röhre beispielsweise beidseitig schräg zugeschnitten wird. Diese Teile sehen aus wie Apfelsinenschalen und lassen sich vielseitig einsetzen (siehe Modell Seite 24).

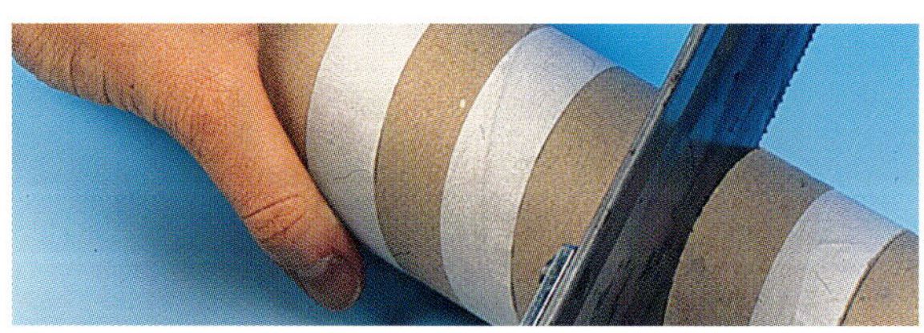

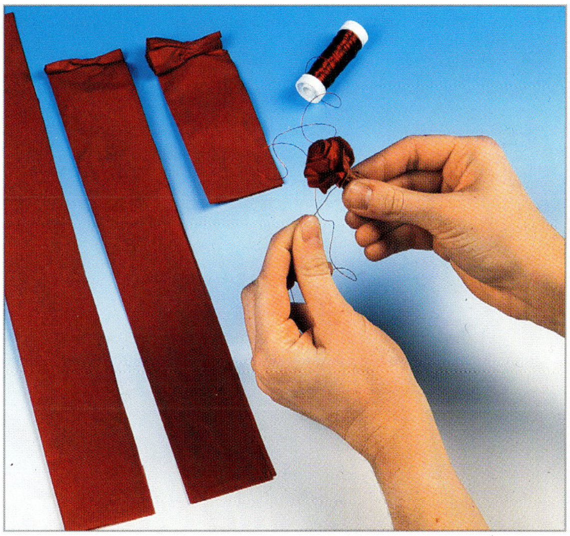

Wattekugeln dekorieren

Die Wattekugeln auf Zahnstocher stecken. Geschnittene oder gerissene Papierstückchen mit Kleister und einfachem Schulmalpinsel auf den Kugeln anbringen. Nach Wunsch die Papierstückchen überlappend und farblich angeordnet aufkleben. Zum Trocknen die fertigen Kugeln in ein Stück Styropor stecken. An der Stelle, an der der Zahnstocher gesteckt hat, die Wattekugel mit einer Prickelnadel und Vorstecher oder Ähnlichem durchstoßen. Durch diese Öffnung wird später Draht oder Schnur zum Auffädeln geführt.

Röschen fertigen

Aus Blumenseide Streifen in Größe von 10 x 35 cm zuschneiden und der Länge nach doppelt legen. Zuerst etwa drei Drehungen eng aufrollen, dann lockerer weiterrollen, indem das Papier oben lose und unten fest zusammengefasst wird. Auf eine schöne Röschenoberseite achten. Das fertige Röschen unterhalb der Blütenblätter mit feinem Draht umwickeln.

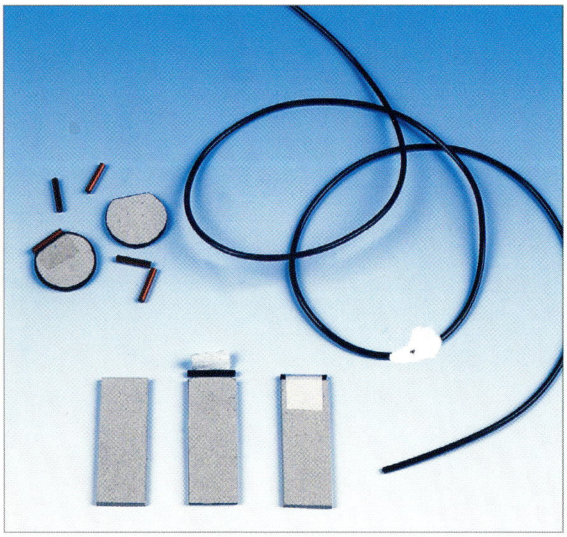

Sonderformen auffädeln

Papr[illegible]ben und Pappstücke oder auch Abschnitte von Pa[illegible]hren werden wie folgt zum Auffädeln vorbereitet: Auf den Schnittkanten mit Klebeband ein Stückchen Scoubidouband, bei kleinen Schnittkanten eine Stiftperle anbringen. Soll das Scoubidouband oder die Stiftperle sichtbar sein, zum Aufkleben transparenten Klebefilm wählen. Wird die Kante mit Papier überklebt, eignet sich Kreppklebeband. Nach dem Bekleben der Flächen mit Papier kann der Schmuckdraht durch das Scoubidoubandstückchen bzw. die Stiftperle gezogen werden. Sollen die Kanten von Pappscheiben geschwärzt werden, sollte dies vor dem Aufkleben des Scoubidoubandes bzw. der Stiftperle geschehen.

Perlen aufdrehen

Die Papierstreifen werden am besten um einen Zahnstocher aufgerollt. Den Papierstreifen zuerst etwas um den Zahnstocher aufdrehen und dann mit Kleben beginnen. Hierfür den Papierstreifen weiter aufrollen und stückchenweise mit Bastelkleber einstreichen. Werden die Papierperlen auf stärkeres Material aufgefädelt, z. B. auf Seidenschnur, wird zum Aufrollen etwas entsprechend Dickeres benötigt. Spießchen und Rundhölzchen eignen sich dafür sehr gut. Die Papierkanten sollen exakt parallel liegen. Bei einem Klebstoff, der nicht zu schnell abbindet, kann durch Schieben der Verlauf noch korrigiert werden. Sehr reizvoll wirken Papierperlen, die aus mehreren Papierstreifen und Farben bestehen.

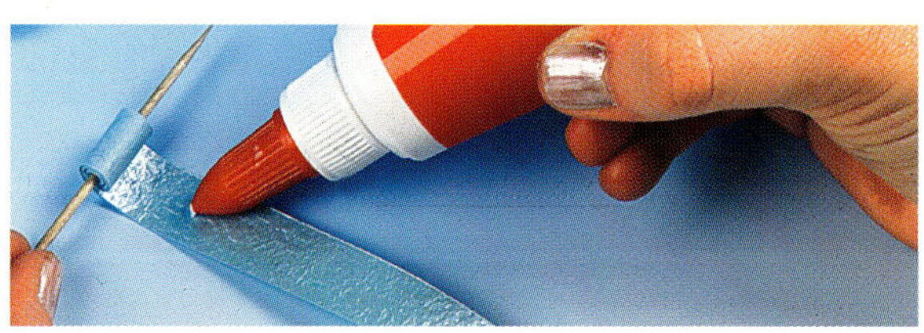

Papierscheiben aufrollen

Besonders reizvoll für ein Papier mit etwas mehr Volumen, zum Beispiel Maulbeerbaumpapier oder Moonrockpapier, ist das Aufrollen zu Scheiben. Dazu 1 cm breite Papierstreifen in den gewünschten Farben zuschneiden. An den Schmalkanten der Papierstreifen sollten Schnittkanten vermieden werden, daher das Papier reißen. Die Papierstreifen in unterschiedlich lange Stücke reißen und im Farbwechsel aufrollen, dabei die Rückseite der Streifen immer stückweise mit wenig Klebstoff einstreichen. Während und nach dem Aufrollen die Scheibe in Form drücken und trocknen lassen. Für längliche Formen die Papierstreifen falten und aufwickeln.

Verschiedene Perlenformen

Aus Dreieckstreifen lassen sich unterschiedliche Perlenformen herstellen, je nachdem, wie diese gerollt werden. Endet man mit der Spitze mittig, entstehen elliptische bis linsenförmige Perlen. Wird der Dreieckstreifen an einer Kante bündig aufgerollt, entstehen kegelförmige Objekte. Auch diese Perlen werden über einen Zahnstocher aufgerollt, wie im Anleitungspunkt „Perlen aufdrehen" auf Seite 12 beschrieben. Entscheidend für die Form sind das Papiervolumen und die Breite der Streifen. Das Bild zeigt Perlen aus gleich langen, aber unterschiedlich breiten und dicken Papierstreifen aus Crush Paper und Wellpappe. In den Anleitungen entspricht die größere Maßangabe immer der Dreieckhöhe, die kleinere der Grundkante des Dreiecks.

Filzoptik mit Faserpapier

Japanpapier, Strohseide oder Faserseide: Faserpapiere wirken durch ihre Struktur besonders lebendig, was natürlich auch für Perlen aus diesen Materialien gilt. Selbst für Ungeübte ist das Aufrollen und Bekleben der Perlen kein Problem.

GRUNDMATERIAL

- Faserpapier (Faserseide, Strohseide, Japanseide), 25 g/qm, in Gelb und Grün
- Tonpapier in Gelb
- Styroporplatte

SO WIRD ES GEMACHT

1. Zunächst Tonpapierstreifen zu Zylinderperlen mit etwa 15 mm Durchmesser aufrollen und verkleben. Für die Kette werden 17 Perlen mit 2,5 cm, für das Armband zehn Perlen mit 1,5 cm, für den Ring eine Perle mit 1,5 cm und für die Ohrringe zwei Perlen mit 2,5 cm Länge benötigt.

2. Gelbes Faserpapier in Streifen, dann in Stückchen reißen, um Schnittkanten zu vermeiden. Grünes Faserpapier in schmale Streifen mit ausgefransten Kanten reißen. Für den Ring die Perle längs halbieren.

3. Die Perlen auf Zahnstocher stecken und mit etwa zwei Lagen gelbem Papier umkleben. Hierfür Kleister mit einem weichen Pinsel auftragen. Das grüne Papier in ein bis zwei Lagen um die gelben Perlen kleben. Faserstückchen können jederzeit beigeklebt werden, falls die Struktur zu dünn wirkt. Die beklebten Perlen zum Trocknen in eine Styroporplatte stecken. Die halbe Perle für den Ring ebenso bekleben.

HALSKETTE

- 17 Holzlinsen in Gelb-Grün-Tönen, Ø 14 mm
- 60-70 cm Gummifaden in Gelb, Ø 1 mm

Als Fädelhilfe sehr dünnen Draht doppelt legen und den Gummifaden in den Knick des Drahtes legen. Die 17 Papierperlen im Wechsel mit den Holzlinsen auf den Gummifaden fädeln und die Enden des Fadens verknoten. Den Knoten in einer Papierperle verschwinden lassen.

ARMBAND

- 10 Holzperlen in Gelb-Grün-Tönen, Ø 8 mm
- ca. 30 cm Gummifaden in Gelb, Ø 1 mm

Die zehn Papierperlen wie bei der Kette beschrieben im Wechsel mit den Holzperlen auffädeln.

OHRHÄNGER UND FINGERRING

- 4 Holzperlen in Gelb-Grün-Tönen, Ø 8 mm
- 2 Ohrhaken
- 2 Kettelstifte, 50 mm lang
- Ringschiene mit Platte, Ø 12 mm

1. Für die Ohrhänger jeweils eine Holz-, eine Papier- und wieder eine Holzperle auf den Kettelstift fädeln. Den Stift etwas kürzen, das Ende zur Öse biegen und den Ohrhaken anbringen.

2. Für den Fingerring die halbe Papierperle mit Schmuckkleber auf die Ringplatine kleben.

Echt Schlange?

In dunklen Rottönen präsentiert sich dieses aufwändige Schmuckset. Auf einem schlichten Kleidungsstück kommt die außergewöhnliche Papierprägung besonders gut zur Geltung. Etwas Geduld allerdings erfordern die vielen Perlen und das Auffädeln schon.

GRUNDMATERIAL

- Schlangenhautimitatpapier in Rot
- Crush Paper, 120 g/qm, in Weinrot

Halskette

- Tonkarton in Hellorange und Schwarz • 10 g Rocailles in Rot mit Silbereinzug, Ø 2 mm • 114 Stiftperlen in Orange mit Silbereinzug, 2 x 7 mm • 5 Holzperlen in Rottönen, Ø 10 mm • 18 Quetschperlen, Ø 1,4 mm
- 2 Quetschkalotten, Ø 4 mm • 1 Karabinerschließe
- 2 Spaltringe • Locheisen, Ø 10 mm
- starker (Sattler-)Zwirn

1. Die acht inneren kegelförmigen Perlen aus 30 x 4 cm großen Dreieckstreifen aus Schlangenhautpapier aufrollen. Vier 1 cm breite und 50 cm lange Streifen Crush Paper zu zylindrischen Perlen aufrollen. 16 Tonkartonkreise in Hellorange und acht Kreise in Schwarz ausstanzen und mittig mit der Prickelnadel lochen.

2. Aus Crush Paper je drei 30 cm lange Dreieckstreifen mit folgenden Grundkanten zuschneiden: 5 cm, 4,5 cm, 4 cm, 3,5 cm, 3 cm, 2,5 cm, 2 cm, 1,5 cm sowie 1 cm. Zusätzlich drei 2,5 cm breite Dreiecke zuschneiden. Alle Dreiecke zu kegelförmigen Perlen aufrollen.

3. Von jeder Größe eine Perle sowie die zusätzlichen drei Perlen beiseite legen. Die übrigen 18 Perlen wie folgt auffädeln: An einem kurzen Stück Zwirn eine Rocaille anknoten und den Faden durch die Papierperle ziehen. Eine Rocaille, eine Stiftperle und eine Rocaille auffädeln. Den Faden durch eine Quetschperle ziehen, zur Schlaufe legen, durch die Quetschperle zurückführen und diese zudrücken.

4. Die übrigen Perlen bis auf drei 2,5 cm lange Perlen wie in Schritt 3 beschrieben, allerdings mit je einem 45 cm langen Zwirn auffädeln. Immer drei dieser neun Perlen zu einer Gruppe zusammenfassen und eine 2,5 cm lange Perle auffädeln. Bei einer Dreiergruppe einen Faden verknoten und abschneiden. Die verbleibenden acht Fäden gemeinsam durch eine Holzperle ziehen. Jeweils vier Fäden nach links und rechts legen.

5. Auf je einen Faden jeder Seite laut Abbildung die großen Papierperlen und Holzperlen aufziehen. Dabei zwischen den Kegeln und den Zylindern immer einen orangefarbenen, einen schwarzen und wiederum einen orangefarbenen Kreis auffädeln. Auf die restlichen Fäden je 13 Rocailles und 12 Stiftperlen im Wechsel auffädeln. Dabei auf je einer Perlenschnur nach Überspringen der ersten zwei Perlenpaare die vorbereiteten Papierperlenanhänger mit auffädeln. Die Fäden durch die Holzperlen des bereits fertiggestellten Stranges ziehen, 13 Rocailles und 12 Stiftperlen wie zuvor aufziehen und die Fäden durch die jeweils nächste Holzperle fädeln. Sieben Rocailles und sechs Stiftperlen aufziehen. Auf jeder Seite die Fäden gemeinsam eng an den Rocailles verknoten und abschneiden. Schmuckkleber in eine Quetschkalotte und auf den Knoten geben, den Knoten in die Kalotte legen und diese zudrücken. Karabinerschließe und Spaltringe anbringen, wie auf Seite 7 beschrieben.

Ohrhänger und Fingerring

- 18 Rocailles in Rot mit Silbereinzug, Ø 2 mm
- 6 Stiftperlen in Orange mit Silbereinzug, 2 x 7 mm
- 2 Quetschkalotten, Ø 4 mm • 2 Ohrhaken
- Tonkarton in Rot

1. Für die Ohrhänger jeweils 30 cm lange Dreieckstreifen mit 4,5 cm, 4 cm, 3,5 cm, 3 cm, 2,5 cm und 2 cm Grundkante aus Schlangenhautpapier zu kegelförmigen Perlen aufrollen. Wie in Schritt 3 der Halskette beschrieben, die Perlen mit Rocailles und Stiftperlen versehen, die Fäden dann verknoten und in eine Quetschkalotte kleben. Die Ohrhaken anbringen.

2. Den Ring laut Grundkurs auf Seite 9 aus einem 1 cm breiten Tonkartonstreifen herstellen und nach Wunsch oder Abbildung mit weiteren Papierstreifen bekleben.

Papier trifft Metall

Der Wechsel zwischen strahlendem Blau und Schwarz sorgt für spannende Kontraste. Kleine Metallscheiben zwischen den stark strukturierten Perlen setzen zusätzliche Highlights. Natürlich ist auch jede andere Farbkombination denkbar.

GRUNDMATERIAL

- Moonrockpapier, handgeschöpft, in Blau und Schwarz

Halskette

- 24 Unterlegscheiben, Ø 20 mm, 4,2 mm Bohrung
- 48 Unterlegscheiben, Ø 10 mm, 4,2 mm Bohrung
- ca. 120 cm Gummifaden in Schwarz, Ø 1 mm

1. Auf jedem Bogen des Moonrockpapieres zwölf 2 x 28 cm große Streifen anzeichnen. Mit dem Cutter oder der Hebelschneidemaschine das Papier in Streifen schneiden.

2. Jeden Streifen zu einer Perle aufrollen. Die Streifen sind etwas länger bemessen, da die Papierdicke stark variiert. Beim Aufrollen die Perlengröße auf einer 20er Unterlegscheibe überprüfen und die Streifen entsprechend kürzen. Hierfür das Ende mit dem Cutter auf der Rückseite anritzen und vorsichtig abreißen, so dass eine faserige Kante entsteht. Diese mit wenig Klebstoff festkleben.

3. Papierperle, kleine, große und kleine Unterlegscheiben im Wechsel auf den doppelt gelegten Gummifaden aufziehen. Als Fädelhilfe feinen Draht doppelt legen und den Faden dazwischen fassen. Den Gummifaden verknoten und den Knoten in eine Perle ziehen.

Armband

- 12 Unterlegscheiben, Ø 20 mm, 4,2 mm Bohrung
- 24 Unterlegscheiben, 10 mm, 4,2 mm Bohrung
- ca. 30 cm Gummifaden in Schwarz, Ø 1 mm

Wie bei der Halskette beschrieben, sechs blaue und sechs schwarze Perlen jeweils aus einem 1,5 x 16 cm großen Moonrockpapierstreifen aufrollen. Das Armband wie bei der Halskette beschrieben auffädeln, den Gummifaden verknoten und den Knoten in einer Perle verschwinden lassen.

Ohrhänger und Fingerring

- 4 Unterlegscheiben, Ø 10 mm, 4,2 mm Bohrung
- 4 Rocailles in Saphirblau transparent, satiniert, Ø 5 mm • 2 Ohrhaken • 2 Kettelstifte, 50 mm lang
- Tonkarton in Dunkelblau

1. Aus 1,5 x 16 cm großen Moonrockpapierstreifen zwei Papierperlen für die Ohrhänger aufrollen, wie bei der Halskette beschrieben. Je eine Rocaille, eine Unterlegscheibe, eine Papierperle, eine Unterlegscheibe und eine Rocaille auf den Kettelstift fädeln. Den Stift kürzen, das Ende zu einer Öse biegen und den Ohrhaken anbringen.

2. Für den Ring laut Grundkurs auf Seite 9 einen 21 cm langen Tonkartonstreifen zum Ring schließen und mit einem Stückchen Moonrockpapier bekleben.

Die ganze Farbpalette

Anschmiegsam und weich ist die Kette aus Kugelperlen. Bei der Farbgebung sind der Fantasie lediglich Grenzen durch die Farbauswahl des Papiers gesetzt – und die ist fast unbegrenzt. Wer sich nicht entscheiden kann, fertigt am besten gleich mehrere Ketten.

GRUNDMATERIAL

- Bananenpapier, handgeschöpft, 35 g/qm: 3 Gelbtöne, Hell- und Dunkelorange, Dunkelrot, 2 Rotviolett-Töne, 2 Dunkelblau-Töne, 2 Dunkelgrün-Töne sowie Mint

SO WIRD ES GEMACHT

1. Die Papiere in 1 x 1 cm große Schnipsel schneiden. Die Wattekugeln laut Grundkurs, Seite 11, auf Zahnstocher stecken und die Papierschnipsel mit Kleister auf die Wattekugeln kleben, dabei die Kugeln farblich so gestalten, dass Halskette und Armband wie auf dem Foto in einem Farbverlauf aufgefädelt werden können.
2. Nach dem Trocknen die Wattekugeln mit Prickelnadel, Vorstecher oder Ähnlichem durchstoßen.

HALSKETTE

- 20 Wattekugeln, Ø 25 mm • ca. 65 cm Gummifaden in Gelb, 1 mm stark

Die Kugeln auf den Gummifaden aufziehen, den Faden verknoten und den Knoten in einer Kugel verschwinden lassen.

ARMBAND

- 12 Wattekugeln, Ø 20 mm • ca. 30 cm Gummifaden in Gelb, 1 mm stark

Alle Kugeln auf den Gummifaden fädeln, dann die Fadenenden verknoten und den Knoten in einer Kugel verschwinden lassen.

Ohrhänger

- 2 Wattekugeln, Ø 25 mm • 2 Ohrhaken • 2 Kettelstifte, 50 mm lang

Die fertigen Wattekugeln auf einen Kettelstift aufziehen, bis die Öse des Stiftes in der Kugel verschwindet. Nach Wunsch zuvor eine kleine Perle, die später sichtbar ist, als Abschluss auf den Stift fädeln. Den Kettelstift entsprechend kürzen, das Ende zur Öse biegen und den Ohrhaken anbringen. Sofern keine Perle aufgezogen wurde, die untere Öffnung der Wattekugel mit einem Papierschnipsel kaschieren.

Schmucke Spiralen

Ob Ton in Ton oder kontrastreich in Rot und Schwarz: Dieser außergewöhnliche Schmuck zieht garantiert alle Blicke auf sich. Zwischen die Spiralen aus Papierschnur werden Glasperlen gefädelt, was ein bisschen Zeit erfordert, aber lohnt!

Blaue Halskette

• 4 m Papierschnur in Blau, Ø 2 mm • Rundholz, Ø 10 mm • 2 Verbindungsstücke für Lederbändchen • 1 Federring • 1 Spaltring • Wäscheklammern • 103 Rocailles in Schwarz, Ø 4,5 mm • 2 m Schmuckhäkeldraht in Schwarz, 0,3 mm stark

1. Die Papierschnur kurz in Wasser tauchen und dann spiralförmig um das Rundholz aufrollen, dabei 5 mm Abstand zwischen den Schnurwindungen einhalten, wie im Grundkurs auf Seite 9 beschrieben. Anfang und Ende mit Wäscheklammern fixieren. Nach dem Trocknen die Spirale vom Stab lösen.
2. Den Häkeldraht doppelt legen, die Knickstelle in der zweiten Windung um die Papierschnur legen und den Draht zwei- bis dreimal verdrehen. Nun eine Rocaille auf beide Enden des Drahtes fädeln und bis zur Spirale durchziehen. Einen der beiden Drähte um die Spirale in die nächste Windung legen, so dass ein Draht oben und einer unter der Papierschnur liegt. Den Draht zwei- bis dreimal stramm um die Schnur verdrehen und die nächste Perle wieder auf beide Drahtenden fädeln. Immer darauf achten, dass sich die Drähte nicht verheddern oder knicken. Auf der letzten Windung den Draht verdrehen und zurück durch die letzte Perle fädeln, nochmals verdrehen und die Drahtenden abschneiden.
3. Die Papierschnur etwa 1 cm nach den letzten Perlen abschneiden, beidseitig die Verbindungsstücke für Lederbändchen auf die Schnur stecken und zusammendrücken. Den Federring und den Spaltring anbringen.

Blaues Armband

• 1,5 m Papierschnur in Blau, Ø 2 mm • Rundholz, Ø 10 mm • 31 Rocailles in Dunkelblau, Ø 4,5 mm • 30 Rocailles in Dunkelblau, Ø 2,5 mm • 60 Rocailles in Türkis matt, Ø 2,5 mm • ca. 0,8 m sowie ca. 2 m Schmuckhäkeldraht in Schwarz, 0,3 mm stark • Wäscheklammern • Rundholz, Ø 10 mm • 2 Verbindungsstücke für Lederbändchen, Ø 1,5 mm • 1 Federring • 1 Spaltring

Das Armband wird wie die Kette hergestellt. Allerdings auf der Außenseite der Spirale mit Schmuckhäkeldraht (ca. 1,20 m) eine zusätzliche Perlenreihe mit jeweils drei Perlen laut Abbildung anbringen.

Rote Halskette

• 5 m Papierschnur in Rot, Ø 2 mm • Rundholz, Ø 2,2 cm • 64 Rocailles in Rot, Ø 4,5 mm • 81 Rocailles in Schwarz, Ø 8 mm, oder Holzperlen, Ø 6 mm • 6 Rocailles in Schwarz, Ø 4,5 mm • Schmuckhäkeldraht, 0,3 mm stark: ca. 1,2 m in Rot und ca. 2 m in Schwarz • 80 cm Nylon coated Draht in Schwarz, 0,4 mm stark • 6 Quetschperlen, Ø 2 mm • 1 Karabinerschließe • 1 Spaltring • Wäscheklammern

1. Die Halskette wie die blaue Kette, aber mit 2-3 mm engen Windungen, herstellen und sowohl innen als auch außen eine Perlenreihe einarbeiten.
2. An jedem Ende der Perlenreihen mit einer Quetschperle ein etwa 20 cm langes Nylondrahtstück befestigen. Je Draht drei große Perlen, dann auf beide Drahtenden zusammen drei große und drei kleine Perlen aufziehen. Den doppelten Draht mit Hilfe von Quetschperlen zu Schlaufen legen, dabei den Kettenverschluss mitfassen, wie auf Seite 7 beschrieben.

Blauer Armreif

• 3 m Papierschnur in Blau, Ø 2 mm • Faserpapier in Blau und Schwarz • Pappröhre, Ø 6 cm • Wäscheklammern

1. Von der Pappröhre einen 2 cm breiten Abschnitt zuschneiden und aufsägen. Diesen Pappreif schleifen und danach mit blauem Faserpapier bekleben.
2. Ein Ende der eingeweichten Papierschnur auseinander drehen, mit Kleister an einem Ende des Reifens ankleben und mit einer Wäscheklammer fixieren. Die Schnur straff um den Reifen wickeln, dabei Kleister auf den Reif und die Schnur auftragen. Am Ende die Schnur wie zu Beginn befestigen. Nach dem Trocknen die Enden mit schwarzem Faserpapier bekleben.

Sommerfrische

Sommer, Sonne, gute Laune! Da fehlt nur noch das passende Schmuckset. Dieses Ensemble macht sich auf brauner Haut ganz besonders gut. Aber auch ein schlichtes Shirt lässt sich hervorragend damit aufpeppen.

GRUNDMATERIAL

• Bananenpapier, handgeschöpft, 35 g/qm, in Gelbtönen, Hellorange, Mint, Türkis, Grau und Dunkelgrüntönen • Pappröhre, Innendurchmesser ca. 6 cm

Halskette

• 28 Glasperlen, zylindrisch, in Blaugrün, 4 x 5 mm • ca. 60 cm Nylon coated Draht in Schwarz, 0,4 mm stark • 1 Federring • 1 Spaltring • 2 Quetschperlen

1. Aus der Pappröhre schiffchenförmige Ausschnitte heraussägen: Die Röhre beidseitig schräg ansägen, so dass Ausschnitte entstehen, die wie Apfelsinenschalen gewölbt sind, siehe Grundkurs Seite 10. Diese nach dem Aussägen in der Mitte teilen, dann die Papierfusseln an den Rändern abschleifen. Für die Halskette sieben halbierte Zuschnitte mit 1 cm breiten Papierstreifen überlappend bekleben. Hierfür am besten Kleister verwenden. Am schmalen Ende die Anhänger quer durchstechen.

2. Aus 21 cm langen, 1 cm breiten Papierstreifen Perlen aufrollen, dabei jeweils nur das Ende des Papierstreifens mit Bastelkleber fixieren. Insgesamt 29 Röllchen herstellen, davon drei orangefarbene Röllchen für die kurzen Perlen mittig mit dem Cutter teilen.

3. Papier- und Glasperlen im Wechsel auf den Nylondraht aufziehen. In der Mitte der Kette die beklebten Pappstücke im Wechsel mit den halbierten Papierperlen auffädeln. Den Kettenverschluss mit Hilfe der Quetschperlen anbringen.

Armreif

• Scoubidouband in Schwarz • ca. 60 cm Gummifaden, 0,6 mm stark

1. Einen 4 cm breiten Abschnitt der Pappröhre zusägen und diesen längs in vier Stücke teilen. Die Fusseln an den Kanten abschleifen, dann auf die gebogenen Ober- und Unterkanten mit kleinen Malerkreppstreifen entsprechend lange Scoubidoubandstücke kleben.

2. Das Bananenpapier in 10 cm lange, 1 cm breite Streifen schneiden. Zuerst die Kanten der Pappstreifen mit Bananenpapierstückchen bekleben, dann die Streifen überlappend in beliebigen Abständen aufkleben.

3. Jeweils einen Gummifaden oben und unten durch die Scoubidoubänder ziehen und die Enden verknoten. Als Fädelhilfe einen sehr feinen Draht benutzen (siehe auch Halskette, Seite 14).

Ohrhänger und Fingerring

• 2 Ohrhaken • 2 Kettelstifte, 50 mm lang • Ringschiene mit Platte, Ø 19 mm

1. Für die Ohrhänger 2 Pappstücke, (siehe Kette Schritt 1,) herstellen und mit Bananenpapier bekleben. An der Schmalseite mit einer Nadel senkrecht ein Loch einstechen. Jeden Kettelstift auf ca. 1 cm kürzen und mit Schmuckkleber in das Loch einkleben. An der oben überstehenden Öse einen Ohrhaken anbringen.

2. Für den Ring aus der Pappröhre ein 2 x 2,5 cm großes Stück heraussägen und mit Papierstreifen bekleben. Dieses nach dem Trocknen auf die Ringplatte kleben, die sich durch Druck der Wölbung des Schmuckelements anpasst.

Blickfang in Rot

Farbenfroh zeigt sich das Schmuckset in Rot und Gelb. Wer es dezenter liebt, greift auf Blau und Grün oder Schwarz-Grau-Töne zurück. Die länglichen Scheiben eignen sich übrigens auch für eine Brosche. Einfach auf die Unterseite eine Broschennadel kleben.

GRUNDMATERIAL

• Maulbeerbaumpapier, handgeschöpft, 80 g/qm, in Dunkelgelb, Orange, Rubinrot und Dunkelrot • Moonrockpapier in Rot • Tonkarton in 10 Rottönen, von Orange über Rot bis Flieder • Nylon coated Draht, stahlfarben, 0,4 mm stark • Locheisen, Ø 10 mm

Halskette

• 60 Rocailles in Rot, Ø 4,5 mm • 1 Karabinerschließe • 1 Spaltring • 2 Quetschperlen • Bastelbohrmaschine mit feinem Bohrer

1. Für die länglichen Scheiben je einen 1 x 25 cm großen Streifen Maulbeerbaumpapier in Gelb, Orange, Rot und Dunkelrot zuschneiden und diese in ungleiche Stücke reißen. Die Streifen in unterschiedlich langen Faltungen laut Abbildung bündig aufeinander kleben, dabei auf eine glatte Oberseite achten.
2. Rotes Moonrockpapier in 1 cm breite Streifen schneiden. Die Streifen um die Scheiben kleben, das Ende von der Rückseite mit dem Cutter anritzen und reißen. Die Risskante mit wenig Kleber ankleben. Nach dem Trocknen die fertigen Papierscheiben mit einer Bastelbohrmaschine vorsichtig oben quer durchbohren.
3. Aus Tonkarton in Rottönen mit dem Locheisen insgesamt 440 Scheiben ausstanzen und mit der Prickelnadel mittig durchstechen. Dann farbgemischt in 20 Päckchen à 20 Scheiben und 4 Päckchen à 10 Scheiben zusammenlegen.
4. Auf etwa 65 cm Nylondraht 20 Rocailles auffädeln, dann im Wechsel mit einer Rocaille zehn 20er-Päckchen der Scheiben aufziehen. Die ovalen Scheiben im Wechsel mit 10er-Päckchen aufziehen und mit den weiteren 20er-Päckchen der Scheiben und Rocailles sowie 20 Rocailles enden. Den Kettenverschluss laut Anleitung auf Seite 7 mit Hilfe der Quetschperlen anbringen.

Armreif

• Spiralarmreif, 3-reihig • 40 Rocailles in Rot, Ø 4,5 mm

Für den Armreif wie bei Kette beschrieben insgesamt 39 Päckchen mit je 20 Tonkartonscheiben vorbereiten (siehe Kette, Schritt 3). Diese farbgemischten Päckchen im Wechsel mit einer Rocaille auf den Armreif aufziehen.

Ohrhänger und Fingerring

• 38 Rocailles in Rot, matt, Ø 2,5 mm • 2 Rocailles in Rot, Ø 4,5 mm • 2 Ohrhaken • 2 Kettelstifte, 50 mm lang • ca. 15 Rocailles in Rot, Ø 4,5 mm (Ring)

1. Für jeden Ohrhänger 19 Scheiben aus Tonkarton vorbereiten (siehe Kette, Schritt 3). Die Öse des Kettelstifts aufbiegen, eine große Rocaille einhängen und die Öse schließen. Im Wechsel Scheiben und kleine Rocailles auffädeln. Am Stiftende eine zweite Öse biegen und den Ohrhaken anbringen.
2. Für den Ring 50 Scheiben ausstanzen, lochen (siehe Kette, Schritt 3) und auf Nylondraht aufziehen. Rocailles in erforderlicher Anzahl auffädeln. Die Drahtenden von beiden Seiten durch eine Quetschperle führen, den Draht zusammenziehen und Quetschperle zudrücken, die Drahtenden abschneiden.

Fast wie Edelmetall

Kaum zu glauben: Auch dieses Schmuckset ist aus Papier. Die schlichte Form der einzelnen Elemente sowie Marmorpapier sorgen für einen metallisch schimmernden Eindruck. Unterstrichen wird der edle Effekt durch Wachsperlen.

GRUNDMATERIAL

• Marmorpapier, 120 g/qm, in Blau-Gold-Silber
• Lederkarton, 150 g/qm, in Schwarz • Graupappe, 2 mm stark • Marabu-Deco Painter in Schwarz
• Scoubidouband in Schwarz

SO WIRD ES GEMACHT

1. Aus Graupappe Rechtecke mit folgenden Maßen zuschneiden: für die Kette eines mit 2 x 5 cm und zwei mit 1,5 x 3,5 cm, für das Armband zwölf Stück mit 1,5 x 3,5 cm, für die Ohrhänger zwei mit 1,5 x 3,5 cm und für den Ring eines mit 1,5 x 2,5 cm.

2. Das Scoubidouband in 28 Stücke mit je 1,5 cm Länge zuschneiden und Malerkrepp in zwei 1 cm lange Stücke schneiden.

3. Mit dem Deco Painter alle Ecken der Graupappenzuschnitte schwärzen. Die Scoubidoubandstückchen mit Kreppband auf die schmalen Seiten der Pappzuschnitte kleben: Für Kette und Ohrhänger auf jeweils eine Schmalkante, für das Armband auf beide Schmalkanten ein Stück kleben.

4. Aus Lederkarton drei Steifen mit je 3,5 x 30 cm Größe zuschneiden. Den ersten Pappstreifen so damit beziehen, dass der Lederkarton über die Längskanten gezogen wird und die Schmalkanten offen bleiben. Den Lederkarton entsprechend kürzen und mit dem restlichen Stück den nächsten Pappzuschnitt beziehen.

5. Sind alle Pappzuschnitte bezogen, auf jedes Pappstück mittig einen 1,2 cm breiten Marmorstreifen, auf das Ketten-Mittelteil einen entsprechend breiteren Streifen, aufkleben.

Halskette

• je 2 Wachsperlen in Grau, matt, Ø 5 und 3 mm
• ca. 60 cm Nylon coated Draht in Schwarz, 0,4 mm stark • 1 Federring • 1 Spaltring • 2 Quetschperlen

Die Wachsperlen und die Pappstücke wie auf dem Foto zu sehen im Wechsel auf den Draht fädeln. Auf einer Seite mit Hilfe einer Quetschperle den Spaltring anbringen, wie auf Seite 7 beschrieben. Die Kette auf die gewünschte Länge kürzen und am anderen Ende den Federring befestigen

Armband

• ca. 60 cm Gummifaden, 0,6 mm stark

Die beklebten Pappstücke beidseitig auf je ca. 30 cm Gummifaden aufziehen, dabei einen dünnen, doppelt gelegten Draht als Fädelhilfe durch die Scoubidoubandstücke benutzen. Die Enden der Gummifäden verknoten.

Ohrhänger und Fingerring

• 2 Rocailles in Perlmutt Altsilber, Ø 2,5 mm • ca. 14 cm Nylon coated Draht in Schwarz, 0,4 mm stark
• 2 Quetschperlen, Ø 2 mm • 2 Ringel, 5,2 x 3,7 mm
• 2 Ohrhaken • Ringschiene mit Platte, Ø 12 mm

1. Ohrhänger, eine Rocaille, ein Pappstück und eine Rocaille laut Abbildung auf etwa 7 cm Nylondraht fädeln. Die Quetschperle auf beide Drahtenden aufziehen, ein Drahtende zurück durch die Quetschperle führen und dabei den Ringel aufnehmen. Den Draht auf die gewünschte Länge ziehen und die Quetschperlen zupressen. Überstehenden Draht abschneiden und den Ohrhaken anbringen.

2. Für den Ring das fertige Pappstück mit Schmuckkleber auf die Ringplatte kleben.

Eine klare Sache

Ein zarter Lilaton im Wechsel mit hellem Anthrazit verleiht diesen Schmuckstücken eine elegante Anmutung. Papiere mit unterschiedlich gefärbten Vorder- und Rückseiten gibt es in vielen Variationen. Großer Vorteil: Die Töne passen garantiert zusammen.

GRUNDMATERIAL

• Geschenkpapier, 70 g/qm, reißfest, Vorderseite in Lila, Rückseite in Anthrazit

Halskette

• 35 Rocailles in Schwarz, Ø 4,5 mm • 5 Kettelstifte, 50 mm lang • 60–70 cm Gummifaden in Schwarz, 1 mm stark

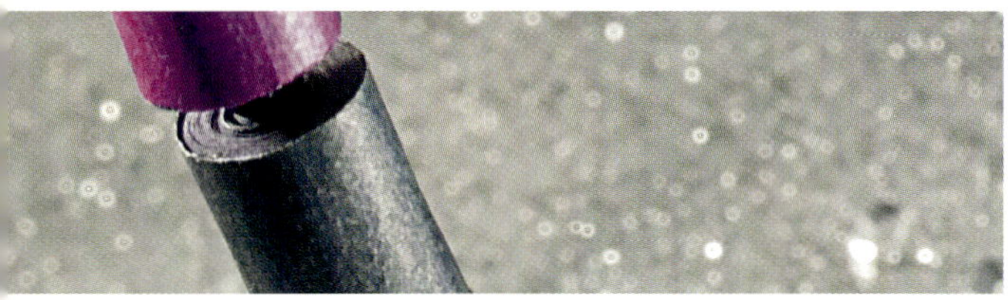

1. Alle Perlen aus 70 cm langen Streifen Geschenkpapier herstellen und beim Aufrollen jeweils abwechselnd die Vorder- und Rückseite des Papiers nach außen legen: Für die zylindrischen Perlen 30 Rechteckstreifen mit 1,5 cm Breite zuschneiden und über den Zahnstocher aufrollen, wie im Grundkurs auf Seite 12 beschrieben.
2. Fünf Dreieckstreifen mit 3,5 cm Grundkante zu kegelförmigen Perlen aufrollen. Die Öse des Kettelstifts aufbiegen, eine Rocaille aufziehen und die Öse wieder schließen. Den Stift durch die Papierperle stecken und am Stiftende eine weitere Öse biegen.
3. Die zylindrischen Perlen im Wechsel mit den Rocailles auf den Gummifaden fädeln und den Faden verknoten. Im Mittelteil der Kette die kegelförmigen Perlen wie auf dem Foto zu sehen dabei ebenfalls auf die Kette aufziehen.

Armreif

• Spiralarmreif, 3-reihig • 37 Rocailles in Schwarz, Ø 4,5 mm • 16 Kettelstifte, 50 mm lang

1. 70 cm lange Streifen Geschenkpapier wie folgt zuschneiden: 16 Dreieckstreifen mit 3,5 cm Grundkante, 17 Dreieckstreifen mit 1,2 cm Grundkante sowie 20 Rechteckstreifen mit 1,5 cm Breite. Abwechselnd die Innen- und Außenseite des Geschenkpapiers aufrollen.
2. Die 16 Dreieckstreifen mit 3,5 cm Grundkante zu kegelförmigen Perlen aufdrehen. Jeweils einen Kettelstift, wie bei der Halskette, Schritt 2, beschrieben, anbringen. Die 17 Dreieckstreifen mit 1,2 cm Grundkante so zu Perlen aufdrehen, dass die Spitze mittig endet (siehe Grundkurs Seite 13). Diese Perlen im Farbwechsel auf den Spiralreif fädeln.
3. Die 20 Rechteckstreifen zu zylindrischen Perlen aufdrehen. Als Nächstes diese Perlen ebenfalls im Farbwechsel auf den Reif aufziehen, dabei zwischen jeder Papierperle eine Rocaille fädeln. Das Ende des Drah-tes zur Öse biegen und den Spiralreif so schließen.

Ohrhänger

• 2 Ohrhaken • 2 Kettelstifte, 50 mm lang • 2 Rocailles in Schwarz, Ø 4,5 mm

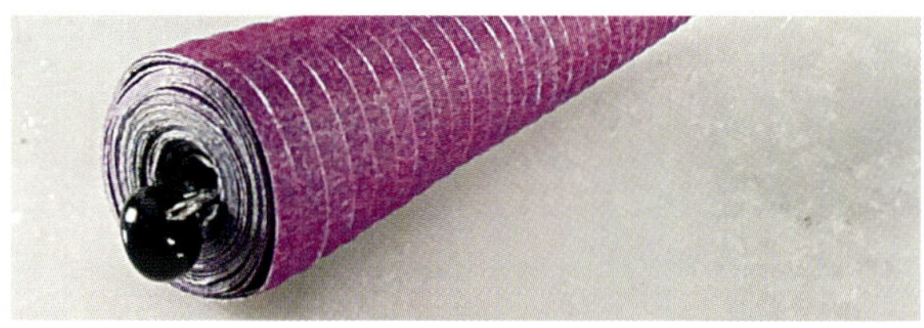

Zwei kegelförmige Perlen, wie bei der Halskette, Schritt 2 beschrieben, herstellen und den Ohrhaken am Kettelstift anbringen.

Romantische Rosenmotive

Verspielte Rosenmotive findet man in Modekatalogen und Zeitschriften bei Blusen und Kleidern. Sie eignen sich wunderbar für Perlen: Eine Papierperle wird einfach mit einem etwas schmaleren Rosenstreifen umklebt.

GRUNDMATERIAL

- Transparentpapier Vellum in Hellgrün, Apricot und Olive
- Papiere mit Rosenmotiven

Halskette

- 27 Rocailles in Lindgrün opak, frosted, Ø 4 mm
- 10g Rocailles in Grün, Ø 2 mm
- 44 cm Nylon coated Collier, 3-reihig, silberfarben

1. Transparentpapierstreifen mit 2 x 30 cm Größe zu Perlen aufrollen und mit 1,5 x 15 cm großen Motivstreifen umkleben. Es werden insgesamt 24 Papierperlen benötigt.

2. Auf jeden Strang des Colliers auf eine Länge von etwa 12 cm kleine Rocailles fädeln. Dann im Wechsel die großen Rocailles und Papierperlen aufziehen. Anschließend das restliche Drahtstück mit weiteren kleinen Rocailles befädeln.

3. Die Drahtenden mit etwas Schmuckkleber in das Verschlussteil stecken und dieses mit der Schmuckzange zupressen.

Armband

- 12 Rocailles in Lindgrün opak, frosted, Ø 4 mm
- ca. 4g Rocailles in Grün, Ø 2 mm
- 1 Spiralarmreif, 50 cm lang

1. Sechs Papierperlen wie bei der Halskette, Schritt 1 beschrieben aufrollen. Auf einer Länge von etwa 6 cm kleine Rocailles, dann eine große Rocaille, eine Papierperle und eine große Rocaille auf den Spiralreif auffädeln. Danach wieder auf 6 cm Länge kleine Rocailles auffädeln und in dieser Abfolge das gesamte Armband befädeln.

2. Das Drahtende mit einer Schmuckzange zu einer Öse formen und den Reif so schließen.

Ohrhänger

- 4 Rocailles in Lindgrün opak, frosted, Ø 4 mm
- 2 Ohrhaken
- 2 Kettelstifte, 50 mm lang

Zwei Papierperlen aufrollen, wie unter Punkt 1 der Halskette beschrieben, dann jeweils eine Rocaille, eine Papierperle und eine Rocaille auf jeden Kettelstift ziehen. Das Stiftende jeweils kürzen, zur Öse formen und den Ohrhaken anbringen.

Spannender Papiermix

Schwarz bringt das Rot bei Armband und Ohrschmuck noch mehr zum Leuchten. Für die Halskette wäre das vielleicht zu viel des Guten: Allein schon die unterschiedlichen Strukturen der Perlen machen ein Prachtstück aus ihr.

GRUNDMATERIAL

• Feinwellpappe • Schlangenhautimitatpapier • Maulbeerbaumpapier • Stofffaserpapier mit Taueffekten • Moonrockpapier • Zeitschriftenausschnitte o. Ä., alles Hell- und Dunkelrot • Tonkarton in Hellrot und Schwarz

Halskette

• Tonpapier in Rot • 65–70 cm Gummifaden in Rot, 1 mm stark • Locheisen, Ø 12 mm • Lochzange

1. Die Perlen aus Wellpappe werden aus einem 1,5 x 10 cm großen Streifen angefertigt. Für alle anderen Perlen zuerst einen Kern aus einem 1,5 x 30 cm großen Tonpapierstreifen aufrollen. Diesen mit den anderen Papieren bekleben, bis ein Durchmesser von ca. 1,2 cm erreicht ist. Beim Moonrockpapier sowohl die Vorder- als auch Rückseite als sichtbare Seite verwenden. Insgesamt 30 Perlen mit 1,5 cm Länge aufrollen.
2. Tonkartonscheiben mit dem Locheisen ausstanzen, immer fünf Scheiben zu einem Päckchen aufeinander legen und dieses mit der Lochzange (kleinste Pfeife) mittig lochen. 30 Päckchen, bei denen sich schwarze und rote Scheiben abwechseln, vorbereiten.
3. Papierperlen und Kartonscheiben-Päckchen im Wechsel auf den Gummifaden aufziehen und die Enden des Fadens verknoten.

Armspirale

• Maulbeerbaumpapier und Moonrockpapier in Schwarz • Lederkarton, 150 g/qm, in Schwarz • Pappröhre, Ø 6,5 cm

1. Um die Pappröhre ein 2 cm breites Malerkrepp spiralförmig bis zur gewünschten Armbandlänge aufkleben (siehe Grundkurs Seite 10). Mit einer Leistensäge entlang der Klebebandkante sägen und zum vollständigen Durchtrennen evtl. einen Cutter benutzen. Die Spirale in der entsprechenden Länge zuschneiden und die Enden mit der Schere abrunden, Papierfusseln abschleifen.
2. Auf die Enden Lederkarton kleben, dann die Spirale mit 1,5 cm breiten, roten Papierstreifen bekleben. Zwischen den Streifen dünne, schwarze Streifen Maulbeerbaumpapier und Moonrockpapier in unterschiedlicher Breite aufkleben, siehe Abbildung.

Creolen und Fingerringe

• Maulbeerbaumpapier in Schwarz • Pappröhre, Ø 5,5 cm • 2 Ohrhaken • 2 Prismenstifte, 25 mm lang

1. Für die Creolen von der Pappröhre zwei 0,6 cm breite Ringe abschneiden und die Fusseln abschleifen. Beide Ringe mit Papierstreifen laut Abbildung bekleben.
2. Mit einer Nadel jeden Ring durchbohren, einen Prismenstift durch das Loch stecken und entsprechend kürzen. Das Stiftende zur Öse biegen und den Ohrhaken anbringen.
3. Für jeden Fingerring rote bzw. dunkelrote, 21 cm lange Tonkartonstreifen mit etwa 0,5–1 cm Breite laut Grundkurs, Seite 9, zu Ringen zusammenkleben und nach Wunsch oder Abbildung bekleben.

Nadelstreifen

Pastelltöne in klaren Formen – so wird aus den zarten Farben schnell ein modisches Schmuckstück, das sowohl zur sportlichen Jeans als auch zum eleganten Outfit passt. Die Farbzusammenstellung kann natürlich nach persönlichem Geschmack erfolgen.

GRUNDMATERIAL

• Tonkarton von Hellrosa über Flieder, Lila, Pink, Dunkelrot bis zu Blau- und Türkistönen • Moonrockpapier in Schwarz • Bastelbohrmaschine mit feinem Bohrer

Halskette

• 8 Wachsperlen in Matt Grau, Ø 6 mm • 7 cm Silberdraht, 1 mm stark • 120 cm Nylon coated Draht, stahlfarben, 0,4 mm stark • 40 cm Scoubidouband in Silber • 1 Federring • 1 Spaltring • 2 Quetschperlen

1. Tonkarton in Streifen mit exakt 1 cm Breite zuschneiden. Für die Einzelteile Kartonstreifen in folgender Anzahl und Länge zuschneiden: Mittleres Element unten: 12 Streifen mit 6 cm Länge. Elemente links und rechts: jeweils 16 Streifen mit 5,5 cm Länge. Elemente oben: jeweils 22 Streifen mit 5 cm Länge. Die jeweiligen Streifen bündig zu Blöcken aufeinander kleben.
2. Um die Blöcke jeweils 1 cm breite Moonrockpapierstreifen kleben. Am Ende den Streifen von der Rückseite mit dem Cutter anritzen und abreißen. Die entstandene, leicht fusselige Kante über den Anfang kleben.
3. Die 6 cm und 5,5 cm langen Blöcke etwa 5 mm von der Oberkante mittig quer durchbohren. Die 5 cm langen Blöcke von beiden Seiten aus längs durchbohren. Hierfür ist eine Bastelbohrmaschine am besten geeignet.
4. Für das untere Teil der Kette etwa 7 cm Silberdraht zuschneiden, an einem Ende mit der Schmuckzange eine Öse formen und die Wachsperlen und Papierblöcke im Wechsel laut Abbildung aufziehen. Das zweite Drahtende ebenfalls zur Öse biegen.
5. Durch jede Öse ein 60 cm langes Nylondrahtstück ziehen. Beidseitig des Mittelteiles je 4 cm Scoubidouband, eine Wachsperle, einen Papierblock, eine Wachsperle und 16 cm Scoubidouband auf den doppelt gelegten Draht auffädeln. Auf die Drahtenden jeweils eine Quetschperle ziehen und den Verschluss, wie auf Seite 7 beschrieben, anbringen.

Ohrhänger und Fingerring

• 2 Ohrhaken • 2 Kettelstifte, 50 mm lang
• Marabu-aqua-Mattlack (Ring)

1. Für jeden Ohrhänger 30 Tonkartonstreifen mit Je 4,5 cm Länge aufeinander kleben und mit Moonrockpapier umkleben (siehe Halskette, Schritt 1). Oben mittig ein Loch einbohren, einen gekürzten Kettelstift mit der Öse nach oben mit Hilfe von Schmuckkleber fixieren und den Ohrhaken anbringen.
2. Für den Ring einen 21 cm langen, pinkfarbenen Tonkartonstreifen laut Grundkurs, Seite 9, zum Ring zusammenkleben. 30–35 Stücke Tonkarton mit je 1 cm Länge zügig aufeinander kleben, auf dem Ring anbringen und in Form drücken. Um den pinkfarbenen Ring dunkelblauen Tonkarton kleben, siehe Foto. Nach dem Trocknen den fertigen Ring lackieren.

Zwei in einer

Diese Ketten bieten sich geradezu an, als „Wendeketten" gestaltet zu werden. Einfach auf der Rückseite andere Farben oder Motive aufkleben und fertig sind zwei völlig verschiedene Modelle. Und passend dazu gibt es Ohrclips und Fingerring.

GRUNDMATERIAL

• Motivmaterial aus Prospekten oder Modezeitschriften • Marabu-Deco Painter in Schwarz

Halskette in Schwarz-Weiß

• Sektkorken • Scoubidouband in Schwarz und Weiß • ca. 60 cm Nylon coated Draht in Schwarz, 0,4 mm stark • 1 Karabinerschließe, 11,5 mm lang • 2 Quetschperlen, Ø 1,8 mm • Bastelbohrmaschine oder Nadel

1. Mit einem Cutter oder scharfen Küchenmesser vom unteren Teil der Sektkorken insgesamt vier etwa 4 mm dicke Scheiben abschneiden und die Ränder mit dem Deco Painter schwärzen. Dabei auch auf die Scheibenoberfläche malen.

2. Aus Zeitschriften oder Prospekten acht Motivausschnitte auswählen, diese anzeichnen und ausschneiden. Eine Kreisschablone leistet hierbei gute Dienste. Auf die Korkscheiben beidseitig jeweils eine Motivscheibe kleben.

3. Im oberen Bereich die Korkscheiben mit einer Nadel oder einer Bastelbohrmaschine quer durchbohren. Die Scoubidoubänder in unterschiedlich lange Stücke schneiden.

4. Die vier Korkscheiben auf den Nylondraht fädeln, dabei immer je ein Scoubidoubandstück in Schwarz und Weiß zwischen den Scheiben auffädeln. Anschließend auf beiden Seiten Scoubidoubandstücke im Farbwechsel bis zur gewünschten Länge aufziehen, dann auf einer Seite den Karabiner anbringen, wie auf Seite 7 beschrieben. An der Gegenseite mit Hilfe einer Quetschperle eine Schlaufe legen.

Schmuckset in Blau-Grün-Türkis

• Graupappe, ca. 1,5 mm stark • 10 g Rocailles in Türkis transparent, matt, Ø 2,5 mm • Scoubidouband in Schwarz • ca. 65 cm Nylon coated Draht in Schwarz, 0,4 mm stark • Locheisen, Ø 35 mm • 1 Federring • 1 Spaltring • 2 Quetschperlen • 2 Ohrclips, Platte mit Ø 19 mm • 1 Ringschiene mit Platte, Ø 20 mm

1. Aus Graupappe für die Kette fünf, für die Ohrclips zwei Scheiben und für den Ring eine Scheibe ausstanzen. Zusätzlich 16 Motive aus Zeitschriften und Prospekten ebenfalls ausstanzen.

2. Von jeder Scheibe für die Kette ein Stückchen abschneiden, sodass eine kurze, gerade Kante entsteht. Alle Kanten mit Deco Painter schwärzen. Mit transparentem Klebefilm schwarze Scoubidoubandstücke auf diese geraden Schnittkanten kleben, wie im Grundkurs auf Seite 12 beschrieben. Danach von den Motivscheiben ebenfalls ein Stückchen abschneiden und jeweils auf beide Seiten aller Pappscheiben eine Motivscheibe kleben.

3. Für die Halskette im Wechsel die Pappscheiben und zehn Rocailles auf den Nylondraht fädeln. Dann auf beide Drahtenden Rocailles bis zur gewünschten Länge auffädeln. Bei dem abgebildeten Modell wurden je 105 Perlen aufgefädelt. Den Verschluss laut Anleitung auf Seite 7 anbringen.

4. Auf jeder Platte der Ohrclips sowie auf der Ringplatte jeweils eine beklebte Pappscheibe anbringen.

Hipp in Blau

Zart gemasert mit dunklen Einschlüssen: Diese Modelle erinnern an Achat. Das unregelmäßige Muster und die transparente Erscheinung waren Vorbild für die aufgerollten Scheiben dieses Schmucksets.

GRUNDMATERIAL

- Maulbeerbaumpapier, 80 g/qm, in Hellblau, Dunkelblau, Kieselgrau und Schwarz • Tonkarton in 5 Blautönen, Türkis und Schwarz • Locheisen, Ø 10 mm
- Bastelbohrmaschine

SO WIRD ES GEMACHT

1. Von jeder Farbe für eine große Scheibe zwei Streifen mit 1 x 25 cm, für eine mittlere Scheibe einen Streifen mit 1 x 25 cm und einen Streifen mit 1 x 12,5 cm, für eine kleine Scheibe einen Streifen mit 1 x 25 cm Größe zuschneiden.

2. Aus den Streifen Papierscheiben aufrollen. Hierfür die Streifen auch in Stücke reißen und überlappend kleben; siehe hierzu Grundkurs Seite 13. An den Schmalseiten der Papierstreifen sollten Schnittkanten vermieden werden. Beim Aufrollen und Kleben auf eine schöne Oberseite achten und die Scheiben in Form drücken.

3. Für die Papierpailletten aus Tonkarton Scheiben in allen Farben ausstanzen und mit der Prickelnadel in der Mitte lochen. Die Scheiben zu farbmischten Päckchen mit je 20 Stück aufeinander legen.

Halskette

- 88 Rocailles in Dunkelblau, Ø 4,5 mm • 60 cm Nylon coated Draht in Schwarz, 0,4 mm stark • 1 Karabinerschließe • 1 Spaltring • 2 Quetschperlen

1. Wie oben beschrieben, eine große und zwei mittlere Papierscheiben sowie zwölf Päckchen Papierpailletten vorbereiten. Die Papierscheiben mit einer Bastelbohrmaschine im oberen Drittel durchbohren.

2. Auf den Nylondraht 40 Rocailles, danach fünf Päckchen Papierpailletten im Wechsel mit jeweils einer Rocaille auffädeln. Anschießend die Papierscheiben, dazwischen jeweils ein Päckchen Papierpailletten aufziehen und die Kette gegengleich beenden. Den Kettenverschluss laut Anleitung auf Seite 7 anbringen.

Armband

- 24 Rocailles in Dunkelblau, Ø 4,5 mm • 60 cm Nylon coated Draht in Schwarz, 0,4 mm stark • 1 Karabinerschließe • 1 Spaltring • 2 Quetschperlen

1. Eine große und zwei kleine Papierscheiben und sechs Päckchen Papierpailletten herstellen. Die große Papierscheibe mit zwei parallelen Bohrungen versehen. Die kleinen Papierscheiben von einem Ausgangspunkt aus v-förmig durchbohren (siehe Abbildung).

2. Den Draht doppelt legen und den Spaltring einhängen. Zwölf Rocailles und ein Päckchen Papierpailletten auf beide Drähte auffädeln. Die einzelnen Drähte durch die v-förmige Bohrung einer kleinen Papierscheibe ziehen, auf jeden Draht ein Päckchen Papierpailletten aufnehmen, dann die große Scheibe auffädeln. Auf jeden Draht das nächste Päckchen Pailletten auffädeln und beide Drähte durch die kleine Scheibe führen. Die beiden Drähte kommen wieder zusammen. Auf beide Drähte nochmals Pailletten und die restlichen Rocailles fädeln, dann den Verschluss anbringen (siehe Anleitung auf Seite 7).

Ohrhänger

- 4 Rocailles in Dunkelblau, Ø 4,5 mm • 2 Ohrhaken
- 2 Kettelstifte, 50 mm lang

Zwei kleine Papierscheiben sowie zwei Päckchen Papierpailletten vorbereiten. Die Papierscheiben mittig durchbohren. Die Öse des Kettelstifts aufbiegen, eine Rocaille einhängen und wieder schließen. Den Kettelstift dann durch die Papierscheibe führen, ein Päckchen Papierpailletten und eine Rocaille auffädeln. Das Stiftende um die Perle zur Öse schließen und den Ohrhaken anbringen.

Ozeanblau

Kühle Blautöne in zarten Farben, die ans Meer erinnern: Das Schmuckset ist der ideale Begleiter an heißen Sommertagen. Wer Kontraste liebt, wählt zum Grün ein kräftiges Blau. In diesem Fall sollten auch die Perlen in einem Blauton gehalten sein.

GRUNDMATERIAL

- Prägekarton, 180 g/qm, in Türkis und Meergrün
- Tonkarton in Hellorange
- Locheisen, Ø 10 mm

SO WIRD ES GEMACHT

1. Die Papierperlen aus 1 x 30 cm großen Streifen aufrollen, wie im Grundkurs auf Seite 12 beschrieben.

2. Für die Papierpailletten Kreise aus dem Tonkarton ausstanzen und diese mittig lochen.

Halsreif

- 1 Halsreif, Ø 14 cm

Für den Halsreif 19 Papierperlen in Türkis und 20 Perlen in Meergrün sowie 38 Pailletten herstellen. Die Perlen im Farbwechsel mit je einer Paillette dazwischen auf den Reif fädeln.

Armreif

- 1 Spiralarmreif
- 17 Rocailles in Orange opak, matt Ø 4 mm

Je acht Papierperlen in Türkis und Meergrün sowie 32 Pailletten vorbereiten. Rocailles und Papierperlen mit Pailletten im Wechsel auf den Spiraldraht fädeln, dabei mit einer Rocaille beginnen und enden. Den Spiraldraht mit einer Öse schließen.

Ohrhänger

- 4 Rocailles in Orange opak, matt, Ø 4 mm
- 2 Ohrhaken
- 2 Kettelstifte, 50 mm lang

Aus Prägekarton je drei Papierperlen in Meergrün und Türkis sowie zwölf Pailletten vorbereiten und im Wechsel mit den Rocailles wie auf dem Foto zu sehen auf die Kettelstifte fädeln. Das Ende der Kettelstifte zur Öse biegen und die Ohrhaken anbringen.

Fingerring

Zwei Papierstreifen aus türkisfarbenem Prägekarton von 0,5 x 30 cm zuschneiden und laut auf Grundkurs Seite 9 zum Ring schließen.

Der zweite Streifen wird dabei auf den ersten zum Ring geschlossenen Streifen geklebt. Den Fingerring laut Abbildung mit Papierstreifen aus türkisfarbenem und meergrünem Prägekarton sowie orangefarbenem Tonkarton bekleben.

Zarte Rosen

Ob zur Jeans oder zum schicken Ensemble: Mit diesen Rosen wird alles zum Ausgeh-Look. Die zarten Blüten aus Blumenseide kommen auf dem schwarz strukturierten Untergrund besonders gut zur Geltung.

GRUNDMATERIAL

• Maulbeerbaumpapier in Rot • Moonrockpapier in Schwarz • Blumenseide in Kirschrot • Graupappe, 2 mm stark • Locheisen, Ø 8 mm • Rocailles in Rot, matt, Ø 2,5 mm • Schmuckhäkeldraht, 0,3 mm stark

SO WIRD ES GEMACHT

1. Aus Graupappe fünf 3 x 3 cm große Quadrate zuschneiden und mit einem Locheisen mittig lochen. Bei zwei Quadraten auf eine Kante schwarzes Scoubidouband mit Malerkrepp aufkleben; siehe Grundkurs auf Seite 12.

2. Fünf 5 x 5 cm große Quadrate aus Maulbeerbaumpapier zuschneiden und die Pappquadrate mit Hilfe von Bastelkleber damit beziehen. In der Mitte mit einem Stift das Loch wieder durchstechen.

3. Aus Moonrockpapier fünf 2,8 x 2,8 cm große Quadrate zuschneiden und mittig mit dem Locheisen lochen. Das Moonrockpapier mit Kraftkleber auf die Oberseite der Pappquadrate kleben.

4. Für die Rosen fünf 10 x 35 cm große Streifen aus Blumenseide zuschneiden und diese der Länge nach doppelt falten. Die Streifen laut Grundkurs, Seite 11, zu Röschen aufdrehen, dabei nur auf die Blüten der Röschen achten.

5. Die fertigen Röschen unten mit feinem Draht umwickeln, in die Löcher der Quadrate stecken und mit Kraftkleber fixieren. Ist der Kleber trocken, die verdrehten Enden auf der Rückseite mit einem Cutter abschneiden. Die Rückseiten der Quadrate mit passenden Maulbeerbaumpapierstücken bekleben. Die zugeklebten Löcher der Scoubidoubänder mit einer Nadel wieder öffnen.

Halskette

• Scoubidouband in Schwarz • 65 cm Nylon coated Draht, stahlfarben, 0,4 mm stark • 1 Karabinerschließe, 10 mm • 1 Spaltring • 2 Quetschperlen

Die Spitze eines der nicht mit Scoubidouband versehenen Quadrate mit einer Nadel durchbohren. Nylondraht durch dieses Loch ziehen und auf beide Drahtenden je 15 Rocailles fädeln. Dann beidseitig je ein Quadrat mit Scoubidouband auffädeln und beide Drahtenden auf je etwa 21 cm Länge mit Rocailles befädeln. Den Kettenverschluss laut Anleitung auf Seite 7 anbringen.

Ohranhänger

• 2 Ohrhaken • 2 Kettelstifte, 50 mm lang

Die Kettelstifte auf etwa 1,5 cm kürzen. Mit einer Nadel in die Spitze der Quadrate ein Loch stechen und die Kettelstifte mit etwas Schmuckkleber in die Einstiche einkleben. Dabei sitzt die Öse oben. Die Ohrhaken anbringen.

Schick gewellt

Die Lieblingsfarben des Sommers sind hell – so kommt die leicht gebräunte Haut am schönsten zur Geltung. Ein weißes Schmuckset darf da natürlich nicht fehlen. Die geriffelten Perlen wirken aber auch in jeder anderen Farbe klasse, wie das Modell in Grün beweist.

SO WIRD ES GEMACHT

1. Die Perlen werden – quer zu den Wellen – aus Dreieckstreifen mit 1 cm Grundkante aufgerollt. Für die mittlere Perle einen Streifen mit 65 cm Länge zuschneiden. Für die weiteren Perlen jeweils zwei Streifen zuschneiden, die in 5-cm-Schritten kürzer werden, also 60 cm, 55 cm, 50 cm, 45 cm, 40 cm, usw. lang sind. Der kürzeste Streifen ist 10 cm lang.

2. Alle Dreieckstreifen zu Perlen aufrollen, dabei darauf achten, dass kein Klebstoff auf die sichtbaren Seiten gerät.

Weißes Schmuckensemble

• Feinwellpappe, durchgefärbt, in Weiß • 38 Rocailles in Weiß, Ø 4,5 mm • Rocailles in Weiß, Ø 2,5 mm • 60 cm Nylon coated Draht, stahlfarben, 0,4 mm stark • 30 cm Gummifaden in Weiß, 0,1 mm stark • 1 Federring • 1 Spaltring • 2 Quetschperlen • 2 Ohrhaken • 2 Kettelstifte, 50 mm lang • Ringschiene mit Platte, Ø 20 mm

1. Für die Halskette insgesamt 23 verschieden große Papierperlen anfertigen, wie oben beschrieben. Die größte Papierperle auf den Nylondraht fädeln, dann beidseitig immer kleiner werdende Papierperlen aufziehen. Dazwischen je zwei kleine und eine große Rocaille auffädeln. Auf beide Drahtenden auf eine Länge von noch etwa 10 cm kleine Rocailles aufziehen, danach den Verschluss, wie in der Anleitung auf Seite 7 beschrieben, anbringen.

2. Für das Armband aus 1 x 25 cm großen Dreieckstreifen 16 Papierperlen aufrollen, im Wechsel mit großen Rocailles auf den Gummifaden aufziehen. Die Fadenenden gut verknoten.

3. Für die Ohranhänger je zwei Papierperlen aus 1 x 30 cm, 1 x 20 cm und 1 x 10 cm großen Dreieckstreifen aufrollen. In die Ösen der Kettelstifte je eine Rocaille einfädeln und die Ösen wieder schließen. Auf jeden Kettelstift Papierperlen und kleine Rocailles im Wechsel aufziehen, die Kettelstifte kürzen und die Enden zur Öse biegen. Die Ohrhaken anbringen.

4. Für den Ring einen 1 x 40 cm großen Dreieckstreifen an einer Kante bündig aufrollen, so dass die kegelförmige Form entsteht. In das Loch an der Spitze eine kleine Rocaille kleben und die Papierperle mit der flachen Seite auf die Platte des Rings kleben.

Grünes Schmuckensemble

• Feinwellpappe, durchgefärbt, in Grün • 19 Rocailles in Schwarz, Ø 4,5 mm • 60 cm Nylon coated Draht in Schwarz, 0,4 mm stark • 1 Federring • 1 Spaltring • 2 Ohrhaken • 6 Quetschperlen

1. Die Kette wird wie die weiße Kette gefertigt. Allerdings zwischen den Papierperlen immer nur eine Rocaille aufziehen.

2. Für die Ohrhänger zwei 1 x 55 cm große Dreieckstreifen zu Perlen drehen. Für jeden Ohrhänger etwa 15 cm Nylondraht zuschneiden. Eine Quetschperle so weit über den doppelt gelegten Draht schieben, bis nur noch eine kleine Schlaufe stehen bleibt. Die Quetschperle mit Hilfe einer Schmuckzange fixieren. Eine Rocaille, eine Papierperle und eine Rocaille auf ein Drahtende fädeln. Beide Drahtenden gegeneinander durch eine Quetschperle fädeln, diese zudrücken. Überstehende Drahtenden abschneiden. Diese Quetschperle im Papierperlenloch verschwinden lassen. Den Ohrhaken an der vorbereiteten Schlaufe anbringen.

Natürlich Bananenpapier

Ausgefallenes Collier gefällig? Dann ist diese Halskette genau das Richtige: Leicht gebogene Anhänger schmiegen sich um den Hals. Schneller gemacht ist die Kette links. Ergänzt werden diese beiden Schmuckstücke durch Armband und Fingerring.

GRUNDMATERIAL

- Bananenpapier, 35 g/qm, handgeschöpft, in Zitronengelb und Mausgrau • Pappröhre, Ø 5 cm

Große Halskette

- 29 Rocailles in Schwarz, Ø 4,5 mm • Scoubidouband in Schwarz • ca. 80 cm Nylon coated Draht in Schwarz, 0,4 mm stark • 1 Karabinerschließe • 1 Spaltring • 2 Quetschperlen

1. Aus der Pappröhre laut Grundkurs auf Seite 10 insgesamt 14 beidseitig leicht schräge Abschnitte zusägen, so dass ein Ring entsteht, der oben schmal und unten breit ist. Die Abschnitte von der schmalsten zur breitesten Stelle hin mittig teilen: Von der spitz zulaufenden, schmalen Seite aus ca. 2,5 cm abschneiden. Für die Kettenglieder werden die breiteren Pappstücke benutzt. Mit feinem Schleifpapier die Papierfusseln und Grate entfernen. Die Stücke im Wechsel mit der schmalen und breiten Seite nach innen im Kreis anordnen.

2. Mit Malerkrepp Scoubidoubandstücke auf die innen im Kreis liegende Kante kleben; siehe Grundkurs auf Seite 12. Die Pappstücke im Farbwechsel mit Papier beziehen, dabei auch die Öffnungen des Scoubidoubandes überkleben. Die Löcher nach dem Trocknen mit einer Nadel wieder aufstechen.

3. Die Pappstücke im Wechsel mit einer Rocaille auf Nylondraht auffädeln und den Verschluss anbringen, wie auf Seite 7 beschrieben.

Armband

- 16 Rocailles in Schwarz, Ø 4,5 mm • ca. 50 cm Gummifaden in Schwarz, 0,6 mm stark

Wie bei der großen Halskette beschrieben, vier Abschnitte aus der Pappröhre herstellen und teilen. Diese von der breiten Seite aus gemessen auf 4 cm Länge zuschneiden. Das Armband wie die Kette fertig stellen, allerdings beidseitig Scoubidoubandstücke festkleben. Beim Auffädeln zwischen den Pappstücken Rocailles aufziehen. Feiner Draht dient als Fädelhilfe (siehe Seite 14, Kette).

Fingerring

- Tonkarton in Grau

Aus einem 1 x 21 cm großen Tonkartonstreifen laut Grundkurs Seite 9, einen Ring herstellen. Einen beklebten Röhrenabschnitt mit Kraftkleber auf diesen Ring kleben. Zum Schluss den Ring nochmals mit einem 1 cm breiten Streifen Bananenpapier bekleben, laut Abbildung. Hierfür Bastelkleber benutzen.

Kleine Halskette

- 8 Rocailles in Schwarz, Ø 4,5 mm • ca. 60 cm Nylon coated Draht in Schwarz, 0,4 mm

Hierfür können Reststücke des Armbands benutzt werden. Ansonsten sieben entsprechende Röhrenabschnitte zusägen, an die schmalen Seiten jeweils Scoubidouband kleben und die Abschnitte dann mit Bananenpapier überziehen. Die fertigen Kettenglieder im Wechsel mit Rocailles auf Draht fädeln und den Verschluss anbringen.

Fächer-Design

Sehen die Fächer nicht klasse aus? Mit schlichten Papierperlen im Wechsel aufgefädelt, entsteht im Handumdrehen eine ausgefallene Kette. Die Ohranhänger wirken für sich, denn sie sind auch ohne Halskette ein außergewöhnliches Schmuckstück.

Ohrhänger

Zwei Dreiecke mit 8 cm Kantenlänge wie bei der Kette beschrieben falten. Jeden gefalteten Fächer an der Knickstelle mit der Prickelnadel durchstechen und einen Ringel einziehen. Den zweiten Ringel und Ohrhaken anbringen.

Schmuckset in Mint und Gelb

• Crush Paper, 120 g/qm, in Mint, Dunkelgelb, Brombeer • Halsreif mit Kugelverschluss, Ø 14 cm • Silberdraht, 1 mm stark • 2 Ohrhaken • 2 Ringel, 5,2 x 3,7 mm

Gemustertes Schmuckset

• Bunt gemusterte Papiere, alternativ Ausschnitte aus Modekatalogen, von Strickmusterdrucken, Kalenderblättern o. Ä. (nicht zu dünnes Papier, ca. 120 g/qm) • ca. 65 cm Nylon coated Draht, stahlfarben, 0,4 mm stark • 1 Federring • 1 Spaltring • 2 Quetschperlen • 2 Ohrhaken • 4 Ringel, 5,2 x 3,7 mm • Geodreieck

Halskette

1. Ein rechtwinkliges, gleichschenkliges Dreieck mit 10 cm Kantenlänge und je zwei Dreiecke mit 8 cm und 6 cm Kantenlänge zuschneiden. Diese auf der Rückseite mittig falzen. Das 10 cm große Dreieck mit 10 mm Falzabständen, das 8 cm große Dreieck mit 8 mm und das 6 cm große Dreieck mit 6 mm Falzabständen ausmessen, auf der Rückseite von der Grundkante ausgehend markieren und falzen (mit Falzbein oder der Scherenspitze eindrücken). Danach die Dreiecke von der Grundkante aus wie eine Ziehharmonika falten und am Ende die überstehenden Spitzen nach innen einschlagen. Die lange Seite (Grundkante) mittig falten und zusammenkleben. Die überstehende Spitze schräg abschneiden und oben, an der Knickstelle, mit einer Nadel ein Loch durchstechen.

2. Aus 2 x 35 cm langen Dreieckstreifen zehn elliptische Perlen fertigen. 24 kleine, zylindrische Perlen aus 1 x 10 cm großen Rechteckstreifen fertigen.

3. Auf den Nylondraht die Faltperlen im Wechsel mit elliptischen Perlen aufziehen. Danach beidseitig elliptische Perlen im Wechsel mit zylindrischen Perlen, zum Schluss nur zylindrische Perlen auffädeln und den Kettenverschluss anbringen (siehe Anleitung auf Seite 7).

Halsreif

1. Ein rechwinkliges, gleichschenkliges Dreieck mit 10 cm Schenkellänge in Gelb, zwei mit 9 cm Schenkellänge in Mint, zwei mit 8 cm in Gelb, zwei mit 7 cm in Mint, zwei mit 6 cm in Gelb sowie zwei mit 5 cm Kantenlänge in Mint zuschneiden. Die Dreiecke wie bei der Kette beschrieben zu kleinen Fächern falten. Die Faltabstände betragen 10 mm, 9 mm, 8 mm, 7 mm bzw. 6 mm.

2. Aus 1 cm breiten, 30 cm langen Rechteckstreifen Perlen aufrollen: 18 Perlen in Brombeer sowie je sechs in Mint und Gelb herstellen.

3. Im Wechsel Papierperlen und Fächer laut Abbildung aufziehen.

Ohrhänger

1. Je ein Dreieck mit 9 cm Kantenlänge in Mint und Gelb sowie je ein Dreieck mit 7 cm Kantenlänge in Mint und Gelb zuschneiden. Die Dreiecke mit 9 mm bzw. 7 mm Faltabstand wie bei der Halskette beschrieben zur Ziehharmonika falten. Die kleinen Fächer in wechselnden Farben auf die großen legen und über der Mittelfalz zusammenklappen. Anschließend die Kanten zusammenkleben und ein Loch durchstechen.

2. Silberdraht um einen Stift drehen und für jeden Ohranhänger eine Windung abknipsen. Die Enden dieses Drahtrings in das Loch eines Papierfächers einstecken. Ringel und Ohrhaken anbringen.

Ausgefallen im Krokostil

Besonders schön wirkt die lange Kette auf einem schlichten Pullover. Den metallischen Schimmer verleiht Metallic-Papier diesen Schmuckstücken. Ergänzend kann noch eine Brosche in beliebiger Form gefertigt werden.

GRUNDMATERIAL

• Papier mit Krokooptik, 120 g/qm, in Blau • Prägekarton mit feinen Linien, 180 g/qm, in Dunkelblau • „Brush Metallic"-Papier (gebürstetes Metall), Effekte beidseitig, 120 g/qm, in Schwarz-Silber

Halskette

• 50 Rocailles in Saphirblau transparent, frosted, Ø 5 mm • ca. 1,30 m starken Zwirn, Gummifaden oder Nylon coated Draht in Schwarz • 1 Quetschperle

1. Aus dem „Brush Metallic"-Papier 25 Streifen mit 1 x 15 cm, aus dem Prägekarton 25 Streifen mit 3 x 30 cm zuschneiden. Das Papier mit Krokooptik in 25 Stückchen mit 2 x 3,5 cm Größe schneiden.

2. Aus den Metallic-Papierstreifen Perlen rollen. Die Streifen aus Prägekarton ebenfalls zu Perlen aufrollen, hierbei aber nur das Ende festkleben. Nun die Perlen aus Prägekarton mit Krokopapier bekleben.

3. Lange und kurze Papierperlen im Wechsel auffädeln, dabei zwischen jeder Perle eine Rocaille aufziehen (siehe Abbildung).

Die Fadenenden verknoten und in einer Perle verschwinden lassen. Wird Nylondraht verwendet, die Kette mit Hilfe einer Quetschperle schließen.

Armband

• Graupappe, 1,5–2 mm stark • Lederkarton, 150 g/qm, in Dunkelblau • Scoubidouband in Schwarz • Gummifaden in Schwarz • Marabu-Deco Painter in Schwarz

1. Aus Graupappe zwölf 1,5 x 3,5 cm große Stücke, aus Scoubidouband 24 Stücke mit 1,5 cm Länge zuschneiden. Die Ecken der Graupappe mit dem Deco Painter schwärzen, dann die Scoubidoubandstücke mit 1 cm breiten Klebebandstreifen auf die schmalen Kanten der Pappstücke kleben, wie im Grundkurs auf Seite 12 beschrieben.

2. Den Lederkarton in 3,5 cm breite Streifen schneiden und um die Pappstücke kleben. Krokopapier in 1,2 cm breite Streifen schneiden und diese in Längsrichtung aufkleben.

3. Sowohl oben als auch unten einen Gummifaden durch die Scoubidoubandstücke ziehen, einen doppelt gelegten, feinen Draht als Fädelhilfe benutzen, und die Enden jeweils gut verknoten.

Fingerring

Aus einem 1 cm breiten, 21 cm langen Streifen Prägekarton einen Ring laut Grundkurs, Seite 9, herstellen und diesen laut Abbildung oder nach Wunsch mit Papierstreifen bekleben.

Ohranhänger

• 4 Rocailles in Saphirblau transparent, frosted, Ø 5 mm • 2 Ohrhaken • 2 Kettelstifte, 50 mm lang

Wie bei der Kette, Schritte 1 und 2, beschrieben, zwei lange Perlen aus Prägekarton und Krokopapier herstellen. Auf jeden Kettelstift eine Rocaille, eine Papierperle und eine Rocaille aufziehen. Die Kettelstifte entsprechend kürzen, das Ende jeweils zur Öse biegen und die Ohrhaken anbringen.

Spiel mit Formen

Perlen in unterschiedlichsten Formen und Größen aus verschiedensten Materialien ergänzen sich zu einer üppigen Halskette, die ihresgleichen sucht. Zu den Naturtönen der Papiere passen schwarze Glasperlen und ein dicker, breiter Armreif.

Üppige Kette

• Packpapier • Briefkuverts • Einkaufstüten • Feinwellpappe nach Wunsch und Abbildung • Rocailles in Schwarz, Ø 2,5 mm, 4,5 mm und 8 mm • starker Zwirn • 1 Karabinerschließe • 1 Spaltring • 2 Quetschkalotten, Ø 5 mm • Locheisen, Ø 10 mm • Lochzange

1. Dreieck- und Rechteckstreifen in unterschiedlichen Breiten und Längen aus diversen Papieren zuschneiden und laut Grundkurs Seite 12 und 13 verschiedene Papierperlen in beliebiger Anzahl herstellen. Mit dem Locheisen Scheiben ausstanzen, mehrere Scheiben aufeinander kleben und mit der Lochzange mittig lochen.
2. Für die zwei großen, seitlichen Dreilochperlen je vier 1,5 x 25 cm große Streifen zuschneiden und jeweils drei zu Röhrchen drehen. Die drei Röhrchen zusammenkleben und mit dem vierten Streifen umkleben.
3. Auf drei unterschiedlich lange Fäden Papierperlen und Rocailles in beliebiger Reihenfolge auffädeln. Die Fadenenden durch eine Dreilochperle fädeln.
4. Weitere sechs unterschiedlich lange Perlenfäden herstellen und je drei durch das äußere Loch der Dreilochperlen ziehen. Oberhalb dieser jeweils drei Fäden zusammennehmen und durch drei große Rocailles ziehen, dann auf alle Fäden zusammen beidseits jeweils 13 weitere Rocailles aufziehen. Die Fäden dicht an den Perlen verknoten und die überstehenden Enden abschneiden. Den Knoten jeweils mit Schmuckkleber in eine Quetschkalotte kleben und die Kalotte zusammendrücken. Karabinerschließe und Spaltring anbringen.

Armreif

• Feinwellpappe in Natur

Aus Feinwellpappe fünf etwa 70 cm lange Streifen zuschneiden, die sich nach oben hin immer um 1 cm verjüngen: Der erste Streifen ist anfangs 6 cm und verjüngt sich auf 5 cm, der nächste ist 5 cm und endet mit 4 cm Breite usw. Der letzte Streifen beginnt mit 2 cm und endet mit 1 cm Breite. Zum Maßnehmen den breitesten Streifen um die Hand legen und markieren. Den Streifen entsprechend zusammenkleben und dann wie eine große Papierperle aufrollen. Am Ende den nächsten Streifen bündig ansetzen und ebenfalls aufrollen. In dieser Weise alle Streifen nacheinander aufrollen.

Kette mit zwei Anhängern

• Papiere nach Wunsch • Rocailles in Schwarz, Ø 2,5 mm, 4,5 mm und 8 mm • starker Zwirn

1. Aus diversen Papieren Perlen aus Dreieck- und Rechteckstreifen nach Wunsch herstellen (siehe hierzu Grundkurs auf Seite 12 und 13).
2. Zwei Fäden mit etwa 90 cm Länge zuschneiden. An jeden Faden eine Rocaille knoten und dann jeweils Papierperlen und Rocailles nach Wunsch auffädeln. Mit einigen kleinen Rocailles enden, dann auf beide Fäden zusammen die mittelgroßen Rocailles bis zur gewünschten Länge auffädeln. Zum Schluss eine große Rocaille anknoten. Die Perlen nicht zu straff ziehen: Zum Schließen der Kette werden die Rocailles an der gewünschten Stelle etwas auseinander geschoben, so dass die große Abschlussperle zwischen den beiden Fäden durchgezogen werden kann wie ein Knopf durch ein Knopfloch.

Ohrhänger

• Papiere nach Wunsch • Rocailles in Schwarz, Ø 2,5 mm und 4,5 mm • Zwirn • 2 Quetschkalotten, Ø 3 mm • 2 Ohrhaken • 2 Ringel, 5,2 x 3,7 mm

Für jeden Ohrhänger drei kegelförmige Papierperlen aus Dreieckstreifen herstellen, wie im Grundkurs auf Seite 13 beschrieben. Auf drei Fäden eine Rocaille, eine Papierperle und Rocailles in gewünschter Anzahl aufziehen. Für jeden Ohrhänger drei Perlenfäden in unterschiedlicher Länge aufziehen, die drei Fäden zusammen verknoten und in eine Quetschkalotte kleben. Einen Ringel und den Ohrhaken anbringen.

Schnipselgalerie

Wer klare Formen liebt, wird an diesem Schmuckset viel Freude haben. Beim Gestalten sind der Fantasie keine Grenzen gesetzt. Papierreste, kleine Bildchen, sogar Fotos eignen sich. Aus Kapaline ist es auch von Ungeübten schnell gemacht.

GRUNDMATERIAL

• Bananenpapier • Moonrockpapier in Schwarz • Bambuspapier • Faserseide (Strohseide) • Kokospapier • Lace Papier (Spitzenoptik) • Ausschnitte aus Zeitschriften oder nach Wunsch mit Wasserfarben kolorierte Papiere • Kapaline (Leichtstoffplatte), 5 mm dick

SO WIRD ES GEMACHT

1. Aus Kapaline 2,5 x 2,5 cm große Quadrate zuschneiden und nach Belieben die ausgewählten Papiere aufkleben, dabei zu kleinen Bildern oder Mustern arrangieren. Das Papier kann geschnitten, gerissen, angemalt und lackiert werden. Zum Kleben eignen sich sowohl Kleister als auch lösungsmittelfreier Bastelkleber und Mattlack. Die Rückseiten einheitlich mit Bananenpapier bekleben.

2. Moonrockpapier in 0,6 cm breite Streifen schneiden. Diese rundum mit einem lösungsmittelfreien Kleber auf die Ränder der Quadrate kleben.

Halskette

• 10 Rocailles in Perlmutt Altsilber, Ø 2,5 mm
• ca. 70 cm Scoubidouband in Silber • ca. 80–90 cm Nylon coated Draht, stahlfarben, 0,4 mm stark
• 2 Quetschperlen, Ø 2 mm

Drei fertige Quadrate an zwei sich gegenüberliegenden Seiten, 5 mm vom Rand mit einer Stopfnadel oder Ähnlichem durchstechen. Die Länge der Kette ausmessen: Sie muss über den Kopf gezogen werden können. Vom Scoubidouband vier 1 cm lange Stücke abschneiden, das restliche Scoubidouband auf den Nylondraht aufziehen. Danach auf jedes Drahtende eine Rocaille aufziehen und das erste Quadrat auffädeln (siehe Abbildung). Wieder jeweils eine Rocaille, ein Scoubidoubandstück, eine Rocaille aufziehen. Sind alle drei Quadrate aufgezogen, die Drahtenden mit Quetschperlen versehen und überstehenden Draht abschneiden.

Armband

• 24 Rocailles in Perlmutt Altsilber, Ø 2,5 mm
• 12 cm Scoubidouband in Silber • ca. 50 cm Nylon coated Draht, stahlfarben, 0,4 mm stark • 1 Federring • 1 Spaltring, Ø 7 mm • 1 Quetschperle

Fünf Quadrate wie bei der Halskette beschrieben vorbohren. Das Scoubidouband in zwölf 1 cm lange Stücke schneiden. Den Federring mittig auf den Draht aufziehen, dann auf beide Drahtenden je eine Rocaille, ein Scoubidoubandstück, eine Rocaille und ein Quadrat auffädeln. In dieser Abfolge fortfahren, bis alle fünf Quadrate aufgefädelt sind. Mit jeweils einer Rocaille, einem Scoubidoubandstück und einer Rocaille pro Drahtende enden, dann beide Drahtenden durch eine Quetschperle führen. Die Drähte durch den Spaltring fädeln und zurück durch die Quetschperle ziehen. Die Quetschperle zupressen und Drähte abschneiden.

Ohranhänger

• 2 Ohrhaken • 2 Kettelstifte, 50 mm lang

Die Kettelstifte auf ca. 1,5 cm kürzen. In die Spitzen der Quadrate mit einer Nadel ein Loch stechen und jeweils einen Kettelstift mit lösungsmittelfreiem Kleber einkleben. Jeweils in der oben überstehenden Öse einen Ohrhaken anbringen.

Fingerring und Broschen

• 1 Ringschiene mit Platte, Ø 20 mm
• Broschennadeln, 25 mm lang

Auf die Ringplatte mit Schmuckkleber das Quadrat kleben. Für Broschen unter die Quadrate Broschennadeln kleben. Diese können sowohl quer als auch diagonal angebracht werden.

Bambus im Trend

Diese Schmuckstücke sehen nicht nur außergewöhnlich aus, sie fühlen sich auch gut an: Das Bambuspapier mit seinen Fasereinschlüssen hat eine leicht unregelmäßige Oberfläche, was den Perlen eine besonders natürliche Wirkung verleiht.

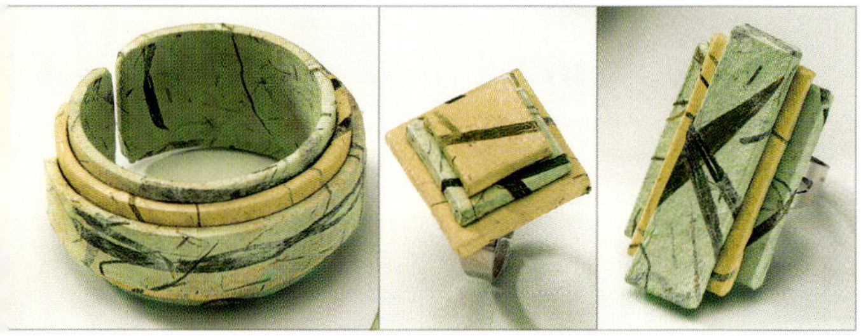

GRUNDMATERIAL

• Bambuspapier, 35 g/qm, Naturpapier mit Bambusfasern, in Vanille und Pastellgrün • Vellum Transparentpapier in Olive

Halskette

• 22 Rocailles in Schwarz, Ø 4,5 mm • 84 Rocailles in Maigrün transparent, satiniert, Ø 5 mm • ca. 1,5 m starker Zwirn (Sattlerzwirn) oder Nylon coated Draht, 0,4 mm stark • ca. 40 cm Gummifaden in Schwarz, Ø 0,6 mm • 6 Quetschperlen, Ø 2 mm

1. Aus Bambuspapier 1 x 30 cm große Streifen zuschneiden und um einen Zahnstocher zu Perlen aufrollen: 26 Perlen in Pastellgrün und 13 in Vanille herstellen; wie im Grundkurs auf Seite 12 beschrieben. 67 Transparentpapierstreifen mit 1 x 21 cm zuschneiden. Sechs Streifen zu Perlen aufrollen. Jeweils drei dieser Perlen nebeneinander legen. Diese mit einem Streifen umkleben: Es entstehen zwei Dreierperlen. Die übrigen Streifen zu Perlen aufrollen.
2. Drei Zwirn- oder Nylondrahtfäden zuschneiden: Auf den inneren Faden 25 Papierperlen, auf den mittleren 27 Papierperlen und auf den äußeren Faden 29 Papierperlen jeweils im Wechsel mit Rocailles und Farbfolge laut Abbildung auffädeln.
3. Die Faden- bzw. Drahtenden durch die „Dreilochperle" ziehen und jeweils eine schwarze Rocaille und Quetschperle auffädeln. Die Quetschperle zupressen und die Fadenenden abschneiden.
4. Durch das linke und rechte Loch einer „Dreilochperle" den Gummifaden fädeln und das Ende oberhalb der mittleren schwarzen Rocaille verknoten. Im Wechsel 17 Transparentpapierperlen und schwarze Rocailles auffädeln. Den Gummifaden wiederum durch das linke und rechte Loch der zweiten „Dreilochperle" ziehen und verknoten.

Spiralarmreif

• 1 Spiralarmreif • 31 Rocailles in Maigrün transparent, satiniert, Ø 5 mm

Wie in Schritt 1 der Kette beschrieben, je 15 Perlen aus Bambuspapier in Vanille und aus Transparentpapier aufrollen und diese im Wechsel auf die Spirale fädeln, dabei nach jeder Papierperle eine Rocaille aufziehen. Den Reif kürzen und das Ende zur Öse biegen.

Ohranhänger und Fingerringe

• 2 Ohrhaken • 2 Kettelstifte, 50 mm lang • Graupappe, 2 mm stark • Ringschiene mit Platte, Ø 19 mm

1. Je Ohranhänger eine Perle aus einem 4 x 30 cm großen Sreifen Transparentpapier sowie aus einem 3 x 30 cm großen Bambuspapierstreifen in Vanille bzw. Pastellgrün aufrollen. Die beiden Perlen zusammenkleben und mit einem 1 cm breiten Streifen Bambuspapier in der Kontrastfarbe umwickeln. Durch die 4 cm lange Perle einen Kettelstift ziehen, das Stiftende zur Öse biegen und den Ohrhaken anbringen.
2. Aus Graupappe für die Ringe laut Abbildung Quadrate mit 2,5 cm, 2 cm und 1,5 Kantenlänge bzw. Rechtecke 2 x 3 cm, 1,5 x 3,5 cm und 1 x 4 cm zuschneiden und jeweils mit zwei Papierlagen bekleben. Die Quadrate bzw. Rechtecke nach dem Trocknen mit Kraftkleber aufeinander kleben und mit Schmuckkleber auf der Ringplatte befestigen.

Breiter Armreif

• Pappröhre, Ø 6 cm

Von der Pappröhre je einen Ring mit 4 cm, 3 cm und 2 cm Breite absägen. Den 4er-Ring aufsägen, vom 3er-Ring ca. 2 cm und vom 2er-Ring ca. 2,5–3 cm heraussägen, dann alle Kanten schleifen. Alle drei Ringe mit Bambuspapier beziehen, dabei den breiten Ring innen und außen bekleben. Durch das zarte Papier schimmert die Pappröhre leicht durch. Nach Wunsch die Ringe zweimal beziehen. Die getrockneten Ringe mit Kraftkleber übereinander kleben und bis zum Trocknen mit Wäscheklammern fixieren.

Verspielt mit Punkten

Weiche Wattekugeln wechseln sich mit zylindrischen Perlen in Rot ab. Zu dieser auffallenden Kette passen am besten große Ohrringe. Wem Rot zu dominant ist, wählt eine dezentere Farbe für die Perlen und passt die Kugeln farblich an.

GRUNDMATERIAL

• Stofffaserpapier mit metallisch glänzenden, dreidimensionalen Goldmustern (Taueffekten), 120 g/qm, in Rot-Gold gepunktet • Faserseide (Japanpapier), 25 g/qm, in Dunkelgrün • Tonpapier in Rot

Halskette

• 18 Wattekugeln, Ø 20 mm • 60-65 cm Gummifaden, 1 mm stark

1. Auf die Wattekugeln mit Kleister gerissene Stückchen Faserseide aufkleben, siehe Grundkurs Seite 11, und das Papier glatt streichen.
2. Die 18 Papierperlen aus je drei 0,5 x 30 cm großen Tonpapier und einem 1,4 x 30 cm großen Streifen herstellen: Den ersten schmalen Streifen aufrollen, daran anschließend den zweiten, dann den dritten Streifen aufrollen. Den breiteren Streifen mittig um diese dünne Perle kleben. Alle 18 Perlen zum Schluss mit 1,5 cm breiten Streifen Stofffaserpapier bekleben.
3. Die getrockneten Wattekugeln mit der Prickelnadel durchstechen und im Wechsel mit den Papierperlen auf den Gummifaden fädeln. Hierfür einen dünnen, doppelt gelegten Draht als Fädelhilfe benutzen. Den Faden verknoten.

Armband

• 10 Wattekugeln, Ø 18 mm • 30 cm Gummifaden, 1 mm stark

Zehn Wattekugeln und zehn Papierperlen wie bei der Kette beschrieben herstellen und auffädeln.

Ohrhänger und Fingerringe

• Plakatkarton oder dünne Graupappe • 2 Ringel, 5,2 x 3,7 mm • 2 Ohrhaken • Zirkel

1. Für die Ohrhänger aus Plakatkarton zwei Kreise mit 6 cm Durchmesser ausschneiden und aus diesen Innenkreise mit 4 cm Durchmesser laut Abbildung ausschneiden. Kleine, gerissene Stückchen Faserseide mit Kleister aufkleben und mit den Fingern glatt streichen. Danach die Ringe mit 1,5 cm breiten Streifen Stofffaserpapier bekleben. An der dünnsten Stelle mit einer Nadel ein Loch einstechen und Ringel und Ohrhaken anbringen.
2. Aus 0,5 cm oder 1 cm breiten Streifen Tonkarton laut Grundkurs, Seite 9 einen Ring herstellen und mit Stofffaserpapierstreifen bekleben.

IMPRESSUM

Entwürfe und Realisation
Werner Schultze

Redaktion
Petra Hassler

Lektorat
de facto : Karola Kimmerle

Fotos
Top Life Studio, Rainer Sprenger
Oswald Visuelle Medien, Schwörstadt
(Seiten 6-13)

Styling
Sigrid Manthey

Layout & Umschlaggestaltung
Antje Sartorius

Reproduktion
Baun PrePress, Fellbach

ISBN-10: 3-89858-910-2
ISBN-13: 978-3-89858-910-9 (neu ab 01.01.2007)

Herstellerverzeichnis

Rayher Hobby GmbH
Knorr Prandell GmbH
URSUS Buntpapierfabrik Ludwig Bähr GmbH (Papiere)
ARTY'S Sinotex GmbH (Papiere)
MARPA JANSEN GmbH (Papiere)

alle im Hobby- und Bastelfachhandel